なぜ日本だけ
ディズニーランドとＵＳＪが
「大」成功したのか？

中島　恵

sankeisha

テーマパークへの誤解と本質――「はじめに」にかえて

「日本を代表するテーマパークをあげてください」

こんな質問をされたら、あなたはどう答えますか?

大勢が「東京ディズニーランド」の名前をあげるでしょう。あるいは成長著しい「ユニバーサル・スタジオ・ジャパン」が登場するかもしれません。豊島園や富士急ハイランド、ハウステンボス、サンリオピューロランドの名をあげる人もいるでしょうが、この二つが、日本におけるテーマパーク業界のツートップであることは間違いありません。

これらは米国が発祥の地です。いずれも米国で「大」成功を収め、世界的な観光スポットとなり、その後、一九八〇年代以降に、米国から世界戦略に乗り出しました。

また、どちらのテーマパークも、経営母体や発信源が映画の都「ハリウッド」です。

はるか昔ハリウッド映画は、「娯楽の王様」として世界に君臨し、世界中に欧米式の感動、ストレス発散、教養、憧れを運んでいました。

しかし、米国発の二大テーマパークが、その後の世界戦略において、ハリウッド映画のように、すべて「大」成功を収めたのかというと、実はそうではありません。

確かに、ディズニーランドは、一九八三年に東京ディズニーランドで「大」成功を収めた後、一九九二年に「ユーロディズニーランド」、二〇〇五年に「香港ディズニーランド」、二〇一六年に「上海ディズニーランド」を開業し、大きな話題を提供しました。ユーロディズニーランドなどは、フランス大統領選挙の公約にも掲げられたほどです。しかし開業セレモニーの盛り上がりをその後も維持できたところは、東京以外ひとつもありません。

一方、ユニバーサル・スタジオの世界戦略はどうでしょうか?

日本の「ユニバーサル・スタジオ・ジャパン」は、一時期業績が低迷しましたが、その後人気が復活。現在では世界で入場者数四位のテーマパークに成長しました。

しかし、他はどうだったでしょうか?

「ユニバーサル・スタジオ・シンガポール」は順調ですが、規模が小さいことからここでは例外としましょう。そうなると、芳しい成果をあげたところはありません。

二〇〇六年に計画が発表された「ユニバーサル・スタジオ上海」、韓国の朴槿恵前大統領が公約として掲げた「ユニバーサル・スタジオ・ソウル」、UAEの「ユニバーサル・スタジオ・ドバイ」は、いずれも計画段階で頓挫しています。その他、ロシアやインドへの進出も発表されましたが、その後の計画が進んでいるという情報はありません。

「世界のテーマパークランキング」（8～9頁の表参照）でもわかるように、ディズニーランド・リゾート・パリ（ユーロディズニーランド）、香港ディズニーランド、上海ディズニーランド、ユニバーサル・スタジオ・シンガポールは、「失敗」ではありません。

しかし、周囲や後世に大きな影響を与えたほどの成功だったかというと、疑問符を付けざるをえません。つまり、成功は成功でも「小」成功だったのです。

ディズニーランドとユニバーサル・スタジオという世界二大テーマパークは、米国以外では、日本でしか「大」成功をつかんでいないのです。

わたしは経営学を専門とする研究者です。長年、研究課題として「テーマパーク」を取り上げてきました。その結果わかったのは、テーマパーク経営のむずかしさです。

それがなぜ、日本では「大」成功できたのでしょうか？

「どんなスターより有名な、地球一強力なキャラクターたちのおかげ？」

「奇想天外な発想力と実践力をもつ、辣腕マーケターがいたから？」

それだけではありません。

本書では今まで本格的に語られることのなかった「なぜ日本だけが二大テーマパークが『大』成功したのか」に迫ります。

本書は三部構成となっており、第一部で東京ディズニーリゾート、第二部でユニバーサル・スタジオ・ジャパン、そして第三部で、それらが日本で「大」成功した理由を述べています。

登場人物たちは、ともすれば、テーマパークで活躍するキャラクターたちより強い個性の持ち主ばかりです。しかし強い個性たちは案外、当たり前のことを当たり前に行っているのです。

本書を読み終えた時、それが夢と魔法の王国を作り上げたのだということを、みなさんは知ることになるでしょう。

二〇一七年　秋
中島　恵

■ 2006年世界トップ25テーマパークランキング

	テーマパーク	国	立地	入場者数(人)
1	ディズニー・マジックキングダム	米	フロリダ州オーランド ディズニーワールド第1パーク	16,640,000
2	ディズニーランド	米	カリフォルニア州アナハイム	14,730,000
3	東京ディズニーランド	日	千葉県浦安市	12,900,000
4	東京ディズニーシー	日	千葉県浦安市	12,100,000
5	ディズニーランド・パリ	仏	マヌル・ラ・ヴァレ	10,600,000
6	EPCOT	米	フロリダ州オーランド ディズニーワールド第2パーク	10,460,000
7	ディズニーMGMスタジオ	米	フロリダ州オーランド ディズニーワールド第3パーク	9,100,000
8	ディズニー・アニマルキングダム	米	フロリダ州オーランド ディズニーワールド第4パーク	8,910,000
9	ユニバーサル・スタジオ・ジャパン	日	大阪府大阪市	8,500,000
10	エバーランド	韓	京畿道	7,500,000
11	ユニバーサル・スタジオ・オーランド	米	フロリダ州オーランド USオーランド第1パーク	6,000,000
11	ブラックプール・プレジャー・ビーチ	英	ブラックプール	6,000,000
13	ディズニー・カリフォルニア・アドベンチャー	米	カリフォルニア州アナハイム	5,590,000
14	シーワールド・フロリダ	米	フロリダ州オーランド	5,740,000
15	ロッテワールド	韓	ソウル市	5,500,000
16	横浜八景島シーパラダイス	日	神奈川県横浜市	5,400,000
17	アイランズ・オブ・アドベンチャー	米	フロリダ州オーランド USオーランド第2パーク	5,300,000
18	香港ディズニーランド	中	香港	5,200,000
19	ユニバーサル・スタジオ・ハリウッド	米	カリフォルニア州ユニバーサルシティ	4,700,000
20	チボリ公園	デ	コペンハーゲン	4,396,000
21	香港海洋公園	中	香港	4,380,000
22	ブッシュガーデン・タンパベイ	米	フロリダ州タンパベイ	4,360,000
23	シーワールド・カリフォルニア	米	カリフォルニア州サンディエゴ	4,260,000
24	ヨーロッパ・パーク	独	ルスト	3,950,000
25	ナガシマスパーランド	日	三重県桑名市	3,910,000
	合計			186,126,000

出典：TEA/ERA Theme Park Attendance Report 2006
2017年8月7日アクセス　http://www.teaconnect.org/images/files/TEA_158_724007_160525.pdf
＊デ＝デンマーク

■ 2016年世界トップ25テーマパークランキング

	テーマパーク	国	立地	入場者数(人)
1	ディズニー・マジックキングダム	米	フロリダ州オーランド ディズニーワールド第1パーク	20,395,000
2	ディズニーランド	米	カリフォルニア州アナハイム	17,943,000
3	東京ディズニーランド	日	千葉県浦安市	16,540,000
4	ユニバーサル・スタジオ・ジャパン	日	大阪府大阪市	14,500,000
5	東京ディズニーシー	日	千葉県浦安市	13,460,000
6	EPCOT	米	フロリダ州オーランド ディズニーワールド第2パーク	11,712,000
7	ディズニー・アニマルキングダム	米	フロリダ州オーランド ディズニーワールド第4パーク	10,844,000
8	ディズニー・ハリウッド・スタジオ (旧ディズニーMGMスタジオ)	米	フロリダ州オーランド ディズニーワールド第3パーク	10,776,000
9	ユニバーサル・スタジオ・オーランド	米	フロリダ州オーランド USオーランド第1パーク	9,998,000
10	アイランズ・オブ・アドベンチャー	米	フロリダ州オーランド USオーランド第2パーク	9,362,000
11	ディズニー・カリフォルニア・アドベンチャー	米	カリフォルニア州アナハイム	9,295,000
11	珠海長隆海洋王国	中	大横琴島(マカオの隣)	8,474,000
13	ディズニーランド・パリ	仏	マヌル・ラ・ヴァレ	8,400,000
14	ロッテワールド	韓	ソウル	8,150,000
15	ユニバーサル・スタジオ・ハリウッド	米	カリフォルニア州ユニバーサルシティ	8,086,000
16	エバーランド	韓	京畿道	7,200,000
17	香港ディズニーランド	中	香港	6,100,000
18	香港海洋公園	中	香港	5,200,000
19	ナガシマスパーランド	日	三重県桑名市	4,700,000
20	ヨーロッパ・パーク	独	ルスト	4,396,000
21	上海ディズニーランド	中	上海	5,600,000
22	ブッシュガーデン・タンパベイ	米	フロリダ州タンパベイ	4,970,000
23	シーワールド・カリフォルニア	米	カリフォルニア州サンディエゴ	4,764,000
24	チボリ公園	デ	コペンハーゲン	4,640,000
25	シーワールド・フロリダ	日	フロリダ州オーランド	4,402,000
	合計			233,057,000

出典：The Theme Index Museum Index 2016
2017年8月7日アクセス　http://www.teaconnect.org/images/files/TEA_235_103719_170601.pdf

目次

二 ディズニーランドはどのように東京へやってきたのか?

第三部 なぜ二大テーマパークは日本でのみ「大」成功したのか？

第一部

夢の力で世界をつなげる

東京ディズニーリゾートが「大」成功した真の理由

一　はじまりはウォルトの夢

1. 自由をわれらに。ミッキーマウスの誕生

テーマパークの成り立ちを考えるうえで、まず押さえたいのは、「誰が」重要人物だったのかということです。

その人物が、何から刺激を受け、どう考え、実践に移したのかを追いかけていけば、テーマパークが「大」成功だったか「小」成功だったかの理由を見出すことができます。

ディズニーランドの場合、最重要人物はウォルト・ディズニーです。

■古き良き米国に育ったウォルト・ディズニー

ウォルトは一九〇一年一二月、米国イリノイ州のシカゴ郊外で五人兄妹の四番目として誕生しました。父イライアスは、金鉱鉱夫を皮切りに鉄道員など職を転々とし、ウォルト

が生まれた当時は、農業に従事していました。家は貧しく、ウォルトら兄妹は幼い頃から新聞配達などを手伝いました。絵を描くことが得意だったウォルトは、七歳で自分の描いたスケッチを近所の人たちに売っていたそうです。

この頃、すでに米国にはメリーゴーランドなどを備えた中小の遊園地（アミューズメント・パーク）がありました。しかしディズニー家は貧乏だったため、ウォルトは幼い頃、遊園地へ行けなかったという切ないエピソードが残っています。

もっとも当時の米国自体が、今のような超大国ではなく、ゴールドラッシュが終わったばかりの新興国でした。

フォードやGMは誕生しておらず、したがって石油も富を生み出す魔法の杖にはなっていなかったのでロックフェラー家も今ほどの規模ではなく、エジソンによる電灯事業も端緒についたばかり。ウォール街も世界経済の中心ではありませんでした。

フィッツジェラルドが描いた放蕩な消費の時代はまだ到来していません。

建国の精神、フロンティアスピリッツ、そして、プロテスタンティズムが色濃く残っていた時代でした。祈るだけでなく勤労と禁欲（浪費を禁止）、それによって蓄積された富をもとに事業を拡大することも信仰の道だという考えが、社会に行き渡っていたのです。

いわゆる「古き良き時代の米国」です。ウォルトの軌跡をなぞるにつけ、この時代にまだ幼かった彼が経験し、見聞きした文物が、彼が作り出した映画、そしてテーマパークのモチーフ、あるいは理想となったことを感じます。

■挫折から誕生した「ミッキーマウス」

ウォルトは高校に通いながらアートスクールに学び、天賦の才に磨きをかけます。しかし第一次世界大戦が勃発し、米国でもナショナリズムが高揚。一七歳のウォルトは陸軍に志願しフランスで後方支援に従事します。終戦後は新聞に漫画を描く仕事を請け負いますが、食い詰めて広告デザインの会社に就職します。

そこでイラストレーターのアブ・アイワークスと出会います。意気投合した二人は一九二〇年、「ウォルト・アイワークス・カンパニー」を設立し、そこを足場にオリジナルのセルアニメを製作。これが大ヒットします。

事業が成功したため、同じ志をもつアニメーターを集めて会社を拡張しますが、資金繰りに失敗して倒産。そこで三番目の実兄ロイ・ディズニー（フルネームでロイ・オリヴァー・ディズニー）に運営面での協力を仰ぎ、共同でディズニー・スタジオ（現在の

「ザ・ウォルト・ディズニー・カンパニー」。以下、ディズニー社）を設立します。

ディズニー社は一九二七年に最初のアニメーション作品『オズワルド・ザ・ラッキー・ラビット――かわいそうなパパ』を製作します。公開に至りませんでしたが、シリーズ二作目の『トローリー・トラブルズ』で作品は大当たりします。

ところが、ディズニー社は、金のなる木となったうさぎ「オズワルド」の権利を明確にしていませんでした。そこに目をつけたのが配給先のユニバーサル・ピクチャーズです。同社は、オズワルドの所有権を主張しました。さらにアニメーターたちの引き抜きまで画策。破格のギャラに目のくらんだアニメーターたちは次々に移籍してしまいます。ディズニー社に残ったのは、盟友のアイワークスと助手一人だけでした。

しかも、ディズニー社はユニバーサル・ピクチャーズと半年で四本のオズワルド作品を製作する契約を交わしていました。手ひどい裏切りに遭ったとはいえ、契約社会の米国では、法的義務を全うしなければいけません。

そこでウォルトとアイワークス、助手の三人は、昼はオズワルド作品を、夜は新たなオリジナルキャラクターを製作しました。

「かならずオズワルドを超えるスターを作り出してやる」

オズワルドの権利を奪われた悔しさでいっぱいだったのでしょう。しかしクリエイターが自分の好きなことをするためには、実力で下請業者から脱しなければなりません。決して泣き寝入りしたり、あきらめたりしない。そんな気概が、このころのウォルトたちの行動からは感じられます。ちなみに作画はアイワークスが手がけ、ウォルト自身はプロデューサーとして立ち働いたといわれています。

こうした経緯を経て、サイレント二作品が製作（当時未公開。のちに公開）されたのち、一九二八年一一月に公開されたのが『蒸気船ウィリー』というアニメ作品です。その主役がミッキーマウスでした。

翌一九二九年には、ミッキーマウスのぬいぐるみや食器の販売を業者から持ちかけられます。この試みは予想を超えた成功を収め、ディズニー社は、映画よりグッズ販売のほうが、利益率が高いことを知りました。この経験からディズニー社はヒット映画、人気キャラクターを出して、次に商品販売で稼ぐビジネスモデルを確立していきます。

2．アーティストとしての成功

■「我々の主要な観客は女性（の家族）である」

ディズニー社は破竹の快進撃をはじめます。

まず一九三〇年一月、ミッキーマウスのコミックが発売されました。

次に一九三二年七月、『花と木』というフルカラーの短編アニメを公開し、アカデミー短編アニメ賞を受賞します。ウォルト自身も「ミッキーマウスを世に送り出した功績」を讃えられて、同年にアカデミー名誉賞を贈られています。

この賞は第一回にワーナー・ブラザースとチャールズ・チャップリンが受賞して以来、該当者がありませんでした。第五回でウォルトが三番目の受賞者となったものです。当時のディズニー社の注目度、ステータスの高さがよくわかるエピソードです。

その後、一〇を超える作品がアカデミー短編アニメ賞を受賞し、また公開する映画が次々とヒットして、ディズニー社は映画界に確固たる地位を築きました。

また一九三四年六月に公開された『かしこいメンドリ』には、ドナルド・ダックが初登場します。一九三五年二月には『ミッキーの大演奏会』が公開されました。

ディズニー社は絶好調でした。しかしウォルトは、ミッキーマウスの大衆的な人気にあきたらず、芸術性が高く、最新の技術を駆使した作品の製作に意欲的に取り組みました。そして誕生したのが、音楽とキャラクターたちの動きを融合させた「シリー・シンフォニーシリーズ」です。

一九三七年一二月には、初の長編アニメ作品『白雪姫』を公開します。この作品からキャラクター・マーチャンダイジングに本腰を入れ、公開に合わせて玩具や衣料品などの商品展開を行い、約八〇〇万ドル（当時）を売り上げました。

ウォルトはその前年、「我々の主要な観客は女性」と発言しています。その後「女性の家族」と範囲を広げ、今でもディズニー社の戦略になっています。

■映画『ファンタジア』という金字塔

さらに上を目指すウォルトは、名指揮者として名高かったレオポルド・ストコフスキーと接触。ゲーテの詩をもとにフランスの作曲家ポール・ディカスが作曲した『魔法使いの弟子』を中心にして、あたかも音楽コンサートを疑似体験するような、それでいて一般大衆にも広く受け入れられることを目標にした作品『ファンタジア』（一九四〇年一一月公開）を世に送り出しました。

本作は、のべ一〇〇〇人のスタッフと一〇〇万枚のセル原画、約三年の歳月、莫大な資金が投資され、技術、芸術性、エンターテイメント性において最高の作品となりました。しかし最新のステレオ録音技術を導入したために、上映できる映画館が限られ、内容が、ディズニーファンからも、音楽ファンからも戸惑いをもって迎えられたため、封切りの際は興行成績が芳しくありませんでした。

しかしウォルト自身が「私が死んでからも、ずっと楽しんでもらえる作品」と述べたように、彼の死後に再上映され、興行的成功も手にすることができました。

この後ディズニー社は、一九五〇年二月に五年の製作期間を費やした長編アニメ作品『シンデレラ』、七月には初の実写作品『宝島』、一九五一年七月に『ふしぎの国のアリス』、一九五三年二月に『ピーター・パン』と、後世に残る名作を発表します。

一九五四年一〇月からはABCテレビにおいて、ウォルト自身が司会を務めるテレビ番組『ディズニーランド』を放送開始します。この番組で、ディズニーのキャラクターたちは米国の隅々にまで浸透しました。また、ディズニーランド開業前の宣伝にも、大いに役立ったということです。

3. 良き家庭人としての夢

一九二〇年に会社を興して以来、ウォルトはたいへんな情熱でアニメーション作品の創作に取り組んできました。

しかし一方で、ウォルトはマイホームパパで良き家庭人でした。一九二三年にリリアンと結婚し、長女ダイアン（実子）と次女シャロン（養女）を授かった後は、家族とすごす、休日をとても大切にしていました。新たな夢は、その家族との中にありました。

長女ダイアンはこんなふうに当時を回想しています。

——サード・アンド・ラ・シエネガ通りに小さい遊園地があり、ウォルトは娘二人をよく連れて行き、色々な乗り物に対する人々の反応を観察していた。遊園地に来ている家族連れを見て、「親がすることが何も無い」と言い、親は早く帰りたいと思い、子供はもっと遊びたいと思う。「家族全員が楽しめる場所が必要」だとウォルトは気づいたのである。

（『ウォルト・ディズニーの思い出』グリーン&グリーン著、阿部清美訳、竹書房、二三九頁）

当時の米国の遊園地（アミューズメント・パーク）は、現在の遊園地のイメージとは異なり、酒やタバコを楽しむ大人の男性向けの施設でした。少々下品で、ちょっと危険な場所だったのです。休日に家族で赴くには不向きでした。

ウォルトは、彼の理想とした「古き良き時代」の家族が楽しむことのできる、健全な遊園地・レジャー施設の必要を感じていたのです。

4. ヒントはヘンリー・フォード博物館

一九四八年、ウォルトはシカゴで開催されていた鉄道フェアを訪れました。その際、自動車で五時間ほどの距離にあるデトロイト郊外ディアボーンへ向かい、ヘンリー・フォード博物館（正式名「ヘンリー・フォード博物館およびグリーンフィールドビレッジ」）。米国最大級の博物館複合施設です）にも立ち寄りました。

この施設は、自動車王ヘンリー・フォードが計画・建設したもので、米国の歴史を築いた人たちにゆかりの品、建造物等が集められ、展示されています。

たとえば、発明王エジソンのメンローパーク研究所、辞書編纂者ノア・ウェブスターの家、有人動力飛行機の発明家であるライト兄弟の家と、彼らが発明のかたわらで経営していた自転車店、フォード社のクラシックカーなどです。また、広大な敷地には人口湖がしつらえられており、小島のあいだを蒸気船スワニーが運航されていました。

ディズニー社の機械工の息子だったマイケル・ブロギーの証言によると、ウォルトは鉄道フェアで、クラシックな蒸気機関車が実際に走っている様子に感動し（一〇代の頃、ウォルトの趣味は、自宅の庭にミニチュアの機関車を走らせることでした）、アトラクションに企業スポンサーを付ける方法を学びました。ヘンリー・フォード博物館に感激し、毎晩ミシガン湖上空に打ち上げられる花火をうっとりと眺めていたということです。

前出の『ウォルト・ディズニーの思い出』によると、ウォルトはこの視察旅行で、後のディズニーランドにつながる多くのアイディアを得ました（同、二四〇頁）。

5.「テーマパーク」の誕生

■少数精鋭プロジェクトチーム「イマジニア」の結成

ウォルトは「新しいアミューズメント施設」の構想をひらめきました。

この「ひらめき」をディズニー社では「スパーク（ｓｐａｒｋ）」といいます。

スパークを実現するべく、ウォルトは社内で映画製作にたずさわっていたストーリー・ライター、ビジュアル・クリエイター、ディレクター、ライター、芸術家、大道具デザイナーなどの中から有望な人たちを引き抜き、今で言うプロジェクトチームを結成しました。

それが「イマジニア（ｉｍａｇｉｎｅｅｒ）」です。

イマジニアとは「イマジネーション」と「エンジニア」から生まれたウォルトの造語です。彼の思い描いた夢を実行する者たちのことです。

彼らは一九五二年に設立された、ウォルトのフルネーム（ウォルター・イライアス・ディズニー）の頭文字をいただく「ＷＥＤエンタープライズ」に所属し、映画製作部隊とは別に動きました。後にウォルト・ディズニー・イマジニアリング社となり今日に至っています（以降、イマジニアリング社と表記）。

■「スパーク」は「イマジニア」が練り上げる

初代イマジニアの一人であるディック・アーバインによると、ウォルトと彼は、ナッツベリーファーム（米国カリフォルニア州にある遊園地。イチゴを販売するスタンドから始まり、レストラン、遊園地へと発展しました）とカントリーフェア（収穫などを祝う祭り）に通い、通路の幅を計測し、アトラクションの数をチェックし、来場者の動きを分析したということです。

アニメーターであり、後述する「ナイン・オールドメン」の一人であるウォード・キンボールによると、ウォルトが前述の視察旅行を経て最初に構想したのは、スタジオ見学を目玉にした遊園地でした。スタジオの隣地に遊園地を建設し、そことスタジオをハーフインチの蒸気機関車でつなぎます。線路は別の撮影スタジオにもつながっており、見学者は機関車のシートに座っているだけで、映画がどのように作られているのか見学できる、という施設です（同、二四一〜二四三頁）。

しかし、イマジニアたちと検討を重ねた結果、漠然としたイメージだった「スパーク」は、最初の構想とちがう形をとるようになっていきました。彼はこの「誰も作ったことのない新しいアミューズメント施設」の形を「テーマパーク」と名付けました。「テーマパーク」という言葉は、ウォルトが作り出したのです。

6. ウォルトの確立したテーマパークのビジネスモデル

■夢の原資

ウォルトがテーマパーク実現を決断したのは、夢の力だけではありません。

一九四五年八月、世界中を巻き込んだ第二次世界大戦は日本の無条件降伏で終わりました。米国は、日本やヨーロッパのように国土が焼け野原になることはありませんでしたが、それでも戦時中は多くのものが犠牲になりました。娯楽産業もそのひとつでした。

ディズニー社も、ディズニー・スタジオを軍需工場にするか、あるいは戦意高揚を目的とするプロパガンダ映画を製作するか、と米国政府に迫られます。そこでドナルド・ダックを主役にし、「反ナチス」「反ヒトラー」を描いた作品を製作しました。

しかし、終戦と同時に通常の映画製作に戻ります。

社会が落ち着きを取り戻すのと歩調をあわせるように、映画界全体の観客動員数も増加していき、一九四八年には、ディズニー社は七年ぶりに映画の興行収入で黒字を計上することができました。この利益が、テーマパークの夢を実現する原資となりました。

しかし、ディズニーランド創造は、この利益だけで足りる規模ではありません。

そこでウォルトは、銀行から融資を引き出すために、ニューヨークの銀行マンに、テーマパークがいかに有望な事業かというプレゼンテーションを行いました。

しかし誰も見たことのない新しいアミューズメント施設ですから、言葉だけで相手が理解してくれるとは思えません。そこで、プレゼンテーションの二日前に急遽二人のアニメーターを呼び寄せ、テーマパークのコンセプトがひと目でわかる、全体の見取り図を描かせました。製作時間はたった四八時間でしたが、その見取り図がたいへんな効果を上げ、ウォルトは銀行から融資を引き出すことに成功しました。

ところが、それでもまだ資金が足りません。

■「鉄道フェア」から得たビジネスのアイディア

ウォルトは、以前見学した鉄道フェアで、アトラクションにスポンサーが付いていたことを思い出しました。

アトラクションのスポンサーには、施設や設備に社名を入れるだけでなく、園内に設けた特別レストランを役員クラスの社交場として提供したり、割引入場券を一般社員用に購入することができるなどの特典をもうけました。この方法は、新しいビジネスモデルとして現在でも用いられています。

ウォルトはこのように苦労に苦労を重ねた末、なんとか資金に目処をつけました。

■「女性と家族」にふさわしいアトラクションとは？

アトラクションの開発も従来の方法とは異なりました。

前述したように、ディズニー社は、映画の観客を「女性と家族」に絞っていました。だから、テーマパークがその映画をテーマとする以上、アトラクションのターゲットもそれに合わせるべきだと考えていました。よって、アトラクション設計でまず考えるべきは、「物理的な刺激」ではなく「ストーリー」でした。

そこで、開発を担当したイマジニアリング社の芸術系イマジニアがストーリーを考え、絵に描き、立体模型を起こし、それをもとに、次は技術系イマジニアが、設計と建設を進めるという作業工程を採用しました。

また内装は舞台芸術の専門家が担当しました。そこで生まれた、歌って踊る人形は、ウォルトによって「オーディオ・アニマトロニクス」と名付けられました。

施設の周囲をめぐるボートや船、飛行機をかたどった乗り物などは、乗り心地や安全性を確保するべく試作が重ねられました。テーマパーク全体についても安全の確保に細心の注意が払われました。

最初は小規模に作られました。集客状況で規模を大きくしたり、アトラクションを追加したりします。不人気なものは廃止し、新しいアトラクションを設置する方法をとりました。

■「トップの独断」とは似て非なるウォルトの実践力

トップの夢の実現という場合、多くプロジェクトはイエスマンをはべらせ、自己満足や自慢で終わってしまいます。ウォルトのテーマパークが「大」成功を収めたのは、自分の夢の実現といっても、自己満足で終わることなく、常にゲスト（ディズニーランドでは客をゲスト、従業員をキャストといいます）の目を意識したからだと考えられます。

パーク内で行われるショーやパレードへ力を注いだのも、ゲストの立場になって考えた結論のひとつです。季節や年中行事と組み合わせれば、ゲストはテーマパークへ通う理由を見つけることができるからです。

7. ウォルト・ディズニーという才能

こうして一九五五年七月、カリフォルニア州アナハイムに「ディズニーランド」が開業しました。同年一〇月にテレビ番組「ミッキーマウス・クラブ」がはじまると、ディズニーランドの人気はさらに高まりました。

■ウォルトの才能とは？

長い間「ミッキーマウスの生みの親」と認識されていたため、ウォルトは非常に絵が上手だったと考えられていました。

しかし、妻のリリアンによると、スケッチは上手でしたが破格の才能だったわけではなく、絵を描くことは「ナイン・オールドメン」と呼ばれるディズニー社に所属していた九人の天才アニメーターたちに任せていました。

「ナイン・オールドメン」とは、エリック・ラーソン、レス・クラーク、ミルト・カール、ウォルフガング・ライザーマン、ジョン・ラウンズベリー、フランク・トーマス、オリー・ジョンストン、マーク・ディヴィス、ウォード・キンボールの九人。

彼らは『白雪姫』『シンデレラ』『ふしぎの国のアリス』『ピーター・パン』に原画あるいは作画監督として関わりました。世界的なアニメーターである宮崎駿氏も、尊敬する先人として「ナイン・オールドメン」をあげています。

その代わり、ウォルトにはプロデュースというすばらしい能力がありました。「スパーク」をきっかけに物語を考え、適材を集め、製作の陣頭指揮に立ってコンセプトを貫徹し、作品としてまとめあげ、宣伝し、売る才能です。一つだけでも、成功がたいへんにむずかしい仕事ばかりです。彼はそのすべてを行うことができました。

資金調達は、共同経営者で兄のロイに仕事を任せていました。巨額の製作費を使うウォルトと、必死になって資金調達した兄ロイ。二人はいつも喧嘩していましたが、家族愛が強く、互いに尊敬し、支え合っていました。

■「現場」が育てたウォルトの能力

さてウォルトは、どのようにして、このすぐれた能力を獲得したのでしょうか?

彼は一七歳で高校を中退して第一次世界大戦のフランスへ行き、後方支援活動に従事していたため、大学で経営学を学んだわけではありません。妻のリリアンも「ウォルトは知性には縁のない人だった」と証言しています。彼は本で学び、紙の上で考えたのではなく、現場に学び、現場で考えるタイプの経営者だったと考えられます。

しかし、単に経験を元にするのではなく、経営学の理論と比肩するほど、現場で得た学びを突き詰めて考え、実践することができました。

たとえばこんな逸話が残っています。

一九五〇年代終盤に、ディズニーランドは「お土産ガイド冊子」を二五セントで販売していました。しかし原価は二四セント。利益は一セントにしかなりません。そこで商品販売部門からウォルトに値上げの提案がなされました。ウォルトはこう答えました。

「お土産ガイド冊子で稼ぐのではなく、できるだけ多くの人のコーヒーテーブルの上に（冊子を）置いてもらい、ディズニーランドがどのような場所なのか知ってもらい、来てほしい。この冊子を見た人が実際に来場し、チケットやお土産を買ってくれたときに売上が発生する。一つひとつのアイディアで稼ぐことは考えていない。みんなにディズニーランドに来てほしい」（同、二六一〜二六二頁）

経営学では、これを「シナジー効果」（ある要素を他の要素と組み合わせることで、それぞれの単体の総和以上の成果を得られること）、あるいは「範囲の経済性」（企業が生産量を増やしたり事業の多角化を行ったりすると、共通コストを下げることができる）と呼びます。ウォルトはこれらを、現場での経験から学んだのでした。

8. 嫌いな言葉は「No!」

ウォルトは、チャンスをつかむべく、誰もしたことのないことに挑戦する人でした。ウォルトやロイ・ディズニーと一緒に働いたハリソン・バズ・プライスによれば、彼は「どうすればできるか」を考え、決して「できない理由を考えない」人だったということです。スタッフにも同じことを要求しました。

イマジニアたちには、二週間に一度はディズニーランドへ行き、一般のゲストにまじって列に並び、客の視線を常に心がけるように指示しました。テーマレストランの設計を担当することになったデザイナーには、大学の飲食業コースで学び、レストランを徹底的に知るように勧めました。

「君のできないことを聞いていない。君のできることを聞いている」

「心に思い描けることは夢となり、それを実現する道は何かしらある。やり遂げるまで追い続けるんだ」

ウォルトとともに働いたスタッフは、ウォルトが常々このように述べていたと証言しています。彼はこういう言葉を、社長室で安楽椅子に座り、汗ひとつかかずに言っていたのではありません。彼自身がこのような人でした。それが説得力を産み、多くのスタッフへ「スパーク」と知恵と粘りを与えたのです。（『ウォルト・ディズニーの思い出』参照）

このように数々の困難を乗り越えて、「ディズニーランド」は一九五五年七月一七日に、米国カリフォルニア州アナハイムの地にオープンしたのです。

その影響力は一時的なものにとどまらず、半世紀以上も世界中の人びとを魅了することとなりました。世界的なエンターティナーだった故マイケル・ジャクソンは、ディズニーの世界に夢中になったあげく、自宅の庭にディズニーランド風のテーマパーク「ネバーランド」を作ったほどです。

二　ディズニーランドはどのように東京へやってきたのか？

1．誰がディズニーランドを呼んだのか

「日本にディズニーランドを呼びたい！」最初にこう考えたのは誰でしょうか？

実はこのことは、人も、時間も、場所も、はっきりとわかっています。

人は、川崎千春《かわさきちはる》氏です。東京都東部や千葉県を地盤とする京成電鉄株式会社の第五代社長だった人です。事業よりも夢とロマンを追い求める経営者でした。

時間は、一九五八（昭和三三）年の一月です。川崎氏は京成電鉄が、千葉県習志野市で運営していた遊園地「谷津遊園」に新設するバラ園に植えるバラを買い付けるために米国へ渡っていたのです。

そして場所は、米国カリフォルニア州アナハイムです。彼は、バラの買い付けの途中で

立ち寄った、まだ開園後三年しか経っていないディズニーランドで、その充実ぶり、すばらしいホスピタリティ、卓越した経営哲学に感銘を受けました。そして、「これからの日本も、物質的な豊かさのみを目指してがむしゃらに働く時代から、精神的な豊かさや高い文化水準を求める時代に変わる」と確信し、「ディズニーランドを日本に呼ぼう！」と決心したのです。

2. なぜ千葉県浦安市だったのか？

■遅れをとった千葉県湾岸地域の開発計画

話はさかのぼって一九五六（昭和三一）年。当時の経済企画庁は、『経済白書』の中で「もはや戦後ではない」と宣言します。高度経済成長時代が幕を開けました。

東京、神奈川を中心とする京浜工業地帯には大小多くの工場が建てられ、地方から労働者を集め、大量の製品と消費と公害とを一気に生み出すようになりました。

一方、同じ東京湾沿岸でも千葉県寄りの海岸線は開発が遅れていました。後に登場する江戸英雄《えどひでお》氏の回想によると、昭和三〇年代前半の浦安は、急速に進みつつある東京圏の開発に取り残された、山本周五郎『青べか物語』そのままのひなびた漁村だった。

（『三井と歩んだ七〇年』江戸英雄、朝日文庫、二一三頁）

ということです。

そのため千葉県は、東京湾沿岸を埋め立て、工場や住宅地等を誘致し、遅れを取り戻したいと考えていました。目を付けたのは、鉄鉱石や石油など製造業に欠かすことのできない原材料を輸入し、かつ製品を輸出するための大型の港湾施設が圧倒的に不足しているという当時の状況でした。その事業を千葉県に誘致するべく、千葉県市原市沿岸の一二〇万坪（約四〇〇ヘクタール）を埋め立てようと準備をはじめました。

しかし、事業規模が破格であるため莫大な資金が必要です。

ところが当時の千葉県は、農業と漁業が主体の赤字県で、思うように起債することができませんでした。行政の力だけでは、埋立事業に必要な資金を確保できなかったのです。

そこで千葉県は大手ディベロッパーに声をかけていきました。今で言う「民活」です。

当時の千葉県副知事だった友納武人氏の発案でした。

■埋立事業に生き残りをかけた三井不動産

最初は三菱地所に話が持ち込まれました。

ところが三菱地所は莫大な費用、工業地需要の先行き不安、技術的な問題等をあげて協力を拒みます。さらに当時の三菱地所は、東京丸の内に確保していた広大な土地の再開発事業に力を注いでいたので、人的にも資金的にも千葉県が提案した事業に手を出す余裕がありませんでした。

次に協力を依頼した先が三井不動産でした。

三井不動産は二つ返事で、このプロジェクトを引き受けました。

当時、三井グループはＧＨＱによる財閥解体の影響により、事業展開が後手後手に回っていました。また三井不動産は、三井グループの中では小規模で、なおかつ本業がビル事業だったにもかかわらず建設用地をほとんどもっていなかったことから、これまでの枠にとらわれない新しい事業へのチャレンジに迫られていたのです。二つ返事だったのは、千葉県と三井不動産の利害関係がぴたりと一致したからでした。

三井不動産はこのプロジェクトを大成功させました。三井グループの協力とトップセールスによって企業誘致にも成功し、この後、名古屋港、大分県鶴崎地区、岡山県水島地区、大阪府堺、千葉港中央地区などを次々に手がけ、港湾埋立事業は三井不動産の収益の大きな柱となりました。事業の中心となったのが、三井不動産社長（当時）の江戸英雄氏です。

■夜討ち朝駆けで勝ち取った江戸氏の協力

さて、川崎千春氏は、丹沢善利《たんざわよしとし》氏と手を組み、浦安地区を埋め立ててここにディズニーランドを建設できないかと模索していました。丹沢氏は、千葉県船橋市地先の埋立地で「船橋ヘルスセンター」を開業し、終戦直後の娯楽に飢えていた大衆に大歓迎され、さらには全国各地にヘルスセンターブームを巻き起こした野心的人物です。五〇代以上の人なら子供時分、一度は連れて行ってもらったことがあるのではないでしょうか。あのヘルスセンターをつくったのが丹沢氏でした。

二人は、千葉県から、東京寄りの約六三万坪（約二〇八ヘクタール）をレジャー施設にするという条件付きで浦安地区約二百数十万坪の埋立許可を得ました。同時に、前述したように、当時、埋立事業のディベロッパーとして名を馳せ、なおかつ川崎氏の旧制水戸高校の先輩でもあった三井不動産の江戸英雄氏に協力を要請しました（川崎氏は二期生、江戸氏は一期生です）。

しかし江戸氏は難色を示します。

……私がちゅうちょした理由は、六〇万坪以上のレジャー施設となると、日本ではまず実現不可能と思ったからである。しかし丹沢社長はなかなか熱心で、引き下がらない。彼の自宅が私の家のそばであったために、それこそ夜討ち朝駆けで説得にくる。

「江戸さんが心配する気持ちは分かるが、しかし、実際にできるのはこれから一〇年、二〇年先の話で、そのときには情勢は変わっている。私の腕を信じてくれ。いままでずっと一緒に仕事をしてきたし、今回も一緒にやろうじゃないか」川崎（千春）社長のほうからも、「うちはレジャー施設の経験があるから、まかせてくれ」と説かれ、しぶしぶ承諾したのである。

（『私の三井昭和史』江戸英雄、東洋経済新報社、一五八頁）

こうして一九六〇（昭和三五）年、京成電鉄、三井不動産、朝日土地興業（丹沢氏の会社）の共同出資により、オリエンタルランド株式会社（以下、オリエンタルランド）が誕生しました。本社は当時、東京上野にあった京成電鉄本社の片隅でした。役職者は三人きりで、専用電話もなく、京成電鉄の交換台からつないでもらうという状態でした。しかも設立後まもなく、波乱に見舞われます。

朝日土地興業の経営状態が悪化したため、オリエンタルランドの株式を京成電鉄と三井不動産に譲渡することになったのです。その結果、川崎氏を中心に事業を進め、三井不動産が埋立事業のノウハウによってサポートするという体制になりました。

ヨーロッパには「チャンスはボロを着てやってくる」ということわざがあります。チャンスはきらびやかで華やかではなく、汚くみすぼらしく見えるという意味です。オリエンタルランドは今でこそ、大学生の就職企業ランキング上位の華やかな企業ですが、当初は、不安定で、みすぼらしく、小さな会社だったのです。

■「何よりも、めっぽう酒が強い」タフ・ネゴシエーターの登場

埋立事業はまず、埋立予定の海面に存在する漁業権の放棄に対する補償交渉からはじまります。この時、三井不動産の江戸氏が、交渉役として白羽の矢を立てたのが、旧制水戸高校の後輩で、仕事を通じて互いによく知っていた高橋政知《たかはしまさとも》氏でした。

……剛腹で、決断が早く、少々気短な難はあるが、何よりも、めっぽう酒が強いという理由である。彼こそ漁師相手の漁業交渉に向いていると思い、川崎社長に推薦したのであるが、実際、高橋君は予想以上のスピードで、この漁業交渉や県との交渉をまとめてくれた。（『三井と歩んだ七〇年』二一九頁）

高橋氏は旧姓を太田といいます。内務官僚出身者で貴族院議員にまで上り詰めた太田政弘氏の次男として生まれ、大手製紙メーカーの専務の家へ婿養子に入った人物です。しかし華麗な生い立ちを鼻にかけず、浦安地区の漁業関係者と酒を酌み交わし、膝詰めで交渉したということです。

また漁業権補償交渉成立後は、千葉県を相手にした払い下げ交渉、そして埋立工事にかかる資金の調達にも辣腕を振るいます。

当初、高橋氏は、埋立事業を完成させるまでが自分の仕事だと考えていました。それどころか、川崎氏から「ディズニーランドに対する思い」を語られても全くイメージできず、眉唾ものだと思っていたそうです。当時、日本で遊園地といえば、デパートの屋上や郊外にある小さなレジャー施設を指しました。「ディズニーランドとかいう米国の巨大遊園地」は、想像もつかなかったのです。高橋氏の戸惑いは当然でした。

しかしこの交渉を通じて、浦安という土地に愛着を抱いた彼は、ここ「浦安沖の海面を埋め立て、商住地域の開発と一大レジャーランドの建設を行い、国民の文化・厚生・福祉に寄与」（オリエンタルランド「目論見書」より）したいと強く願うようになります。そして、ついには一生の仕事だと腹を決めたということです。

一九六四（昭和三九）年に着工した浦安地区の埋立工事は、一九七〇（昭和四五）年に舞浜地区の埋め立てをもって完了しました。

しかし、ここで大きな問題が持ち上がっていました。肝心のディズニー社が、ディズニーランドの日本進出に消極的だったのです。

3. 江戸英雄という人

■間抜けで不器用な「傑物」

ここで幾度も名前が登場した江戸英雄氏のことをお話しましょう。

江戸という苗字ですが、彼は茨城県筑波郡作岡村（現・つくば市）の出身。父親は本家の跡取り息子でしたが、虚弱で若いときから風流の道を志し、家業を顧みなかったので廃嫡となりました。しかし遊んで食べていけるだけの田畑を譲り受け、それを小作に貸して暮らしを立てていたそうです。東京や京都の名士や画家を訪ね書画の執筆を頼み、書画帳を作ることが唯一の楽しみで、富岡鉄斎、横山大観などの作品も手元にあったそうです。

江戸氏は一九二〇（大正九）年に、その年開校したばかりの旧制水戸高校に入学。そこで多くの友人を得ます。前述のように一期後輩に川崎千春氏がいました。

川崎氏については、著書の中で、

……豪放な人物で、地味な電鉄の事業を積極的に推進してきた。

（『私の履歴書―昭和の経営者群像5』日本経済新聞社、二二九頁）

と評しています。

その後、東京帝國大学法学部に進み、農林省を目指し高等文官試験に挑みますが、肺病を患って断念。偶然募集のあった三井合名会社に入社します。しかし「間抜けで不器用でヘマばかりやっていた」（同、二三七頁）ので「大学を出たくせに何もできない」と陰口を叩かれるほどの出来の悪さでした。

それでも配属先の文書課で徐々に頭角を現し、血盟団による三井財閥総帥、団琢磨氏の暗殺（血盟団事件）、戦時中の軍部からの圧力（三井財閥は軍部と距離を置いていたため、何かにつけて睨まれていたということです）、終戦後のＧＨＱによる三井財閥解体といった困難な時期を、文書課の中心社員として切り盛りしつつ、請われて一九四七（昭和二二）年に三井不動産へ入社しました。

■地震国、日本に高層ビルの時代を築いた先駆者

江戸氏の入社当時、三井不動産は同じ財閥系の不動産会社である三菱地所（「丸ビル」が有名です）の五分の一程度の規模しかなかったそうです。三井グループの中でも傍流中の傍流で、グループの社長会からも仲間はずれにされていました。

そこで前述したように、復興著しい日本の製造業の未来を見越し、埋立事業と新市街地開発事業に進出。同時並行で、家業であった都心でのビル業にも梃入れし、日本で最初の超高層ビル「霞が関ビルディング」の建設に成功します。

霞が関ビルは地上三六階建て、地上高一四七メートル。現在でこそ珍しくありません

が、当時の建築基準法では三一メートル（約九階分）の高さ制限があり、建設するにはまず法律を変えなければなりませんでした。

また地震の多い日本ではクリアしなければならない技術的な問題が多く、さらには資金問題、完工後のテナント問題など多くの課題がありました。江戸氏は政財界から果ては侠客まで懇意にする人物がいたという、持ち前の人脈を縦横無尽に発揮し、この困難なプロジェクトを見事成功させたのです。

霞が関ビルの成功で、日本中が三井不動産の名前を知るところとなり、また三井グループ内での三井不動産の地位も高まり、江戸氏自身も、三井グループの総帥として長きにわたって辣腕を奮いました。

■住みにくい世の潤滑油になる

江戸氏は、仕事一本槍の人物というわけでもありません。

小さな音楽教室が本格的な学校への脱皮を試行錯誤していた時、その教室で妻が講師、娘が生徒だった縁で、資金の工面と政財界とのパイプ役を買って出ます。その音楽教室はのちに桐朋学園大学音楽学部となっています。同学部は小澤征爾氏を輩出し、生徒だった長女は小澤氏と結婚（その後離婚）しました。

また、江戸氏は、趣味で入会した「日本野鳥の会」の財政的逼迫を見るに見かねて理事に就任し、事業を立て直したことでも知られています。この他にも多くの財団や団体の理事を歴任しました。その理由を自身で、

私は職場のために全力投球する建前を実践してきたが、少しでも余力があれば、自分の知識経験を生かし、世のため、人のためになることもやりたいと思って、若い時から頼まれごと相談ごとには、進んでのってトコトンまでその人の身になって、できるだけのことをしてきた。就職、人事、結婚、進学などの相談にのったことは数限りない。他人のためにする親切が、せめて住みにくい世の潤滑油になることを念願してのことだった。

（『私の履歴書』二八八頁）


と述べています。

就職相談は、彼の立場上たいへん多く寄せられたそうですが、コネと顔で関連会社にねじ込むような、いわゆる「縁故」を駆使したのではなく、相談者本人に学校へ来ている求

人リストを持ってこさせ、希望や成績、健康状態、特殊技能、家庭事情をヒアリングして、相当だと判断した会社を選んで受験を勧めるというやり方だったそうです。

面倒見のよさは、これだけにとどまりません。たとえば、授業料滞納で学校推薦がもらえないと悩む学生の授業料を肩代わりしたこともあるといいます。また、

「外交官試験に落ちて前途の光明を失い孤影悄然、郷里信州へ帰るとき、信越線のうす暗い終列車の三等席の前に居合わせた風采の上がらないオジサンがいた。おそろしく就職事情に詳しい人で、断固既定方針に邁進するよう、鼓舞激励された。別れるとき、名刺をもらったのが本席のご主人。爾来、幾度か手紙で指導を受け素志を貫きえた」

（『すしやの証文』江戸英雄、中公文庫、四八頁）

この「風采の上がらないオジサン」は江戸氏本人。そして語っているのは彼に偶然出会い就職相談をした若者です。このエピソードが披露された席というのは、江戸氏が就職相談にのった十数名を招いた食事会だったということです。

江戸英雄氏は、単なる豪腕事業家でなく、「破格の世話好き」で、頼まれなる人脈の幅

と深さをもつ人物でした。

こういう人物が、ディズニーランド招致運動に加わっていたのです。彼の尽力で東京ディズニーランド招致は、川崎氏の夢で終わらなかったのです。

4. 奇跡的なめぐり合わせ

■行き詰まるディズニー社との交渉

さて、埋立工事が進むあいだ、ディズニー社との交渉は、川崎氏が三井物産を通じて行っていました。しかし埒が明きません。

千葉県との契約では、埋立地区にかならずレジャー施設を建てなければならない約束でした。ということは、ディズニー社との契約交渉が不調に終わると、この約束は反故にせざるをえなくなります。しかしそんなことは許されません。

そこでディズニーランドを選択肢のひとつに格下げし、他施設の誘致にも可能性を残した「オリエンタルランド」という施設の建設・運営を計画しました。この計画も、レジャー施設を中核としてホテル等宿泊施設を近くに配置し、地域全体をテーマパークとして開発していこうという、当時では常識破りの規模です。

オリエンタルランドは、その基本計画に沿って、米国と欧州各地のレジャー施設を調査しました。調査対象にはもちろん、ディズニーランドや米国フロリダ州オーランドの「ディズニー・ワールド」（後の「ウォルト・ディズニー・ワールド・リゾート」。一九七一年開園）も含まれていました。

しかし比較検討の結果も、「オリエンタルランド」の中核施設は、やはりディズニーランド以外に考えられない、という結論に達しました。

「どうしてもディズニーランドを誘致したい」

オリエンタルランドの決意は、さらに強固になりました。

■紆余曲折したディズニー社の海外戦略

一方、ディズニー社は揺れていました。

ディズニーランドよりさらに規模が大きく、ウォルトの意思を細部にまで徹底させ、山手線の面積の一・五倍の敷地にホテル等も備えた総合リゾート施設「ディズニー・ワールド」を建設中だった一九六六年一二月、ウォルトが肺癌で急死してしまったからです。

船長不在で、海外進出などという未知の分野に漕ぎ出す勇気のある者など、アニメの主人公でもないかぎりなかなかいません。それにウォルト不在のあいだに、創造性を失ってディズニー社の映画部門は不振に陥ってしまったのです。それらの立て直しが急務でした。

しかし、前述したようにディズニー・ワールドが一九七一年に無事開園して大好評を博すと、ようやくディズニー社の目も海外へ向き始めました。

ディズニー社は、西ヨーロッパと日本を、ディズニーランドの世界戦略の第一歩を標す有力な候補として考えていました。しかし、ディズニー映画の興行収入ランキングで、第一位が米国、二位以下イギリス、西ドイツ、フランス、イタリアと続き、日本が第六位と低かったこと、また、文化の違いも気になったことから、米国と文化的に近く、多数のオファーが寄せられていた西ヨーロッパを第一候補としていたようです。

しかし候補地の地理と文化、マーケットの調査を進め、日本国内でも東京、大阪、名古屋を中心に綿密なリサーチを行った結果、文化の壁を考慮しても、日本のほうが成功する可能性が高いのではないかという意見が、優勢になりつつありました。

■有望な市場「オリエント」を目指せ

日本ではすでに、ディズニー社の映画をはじめ、キャラクター商品やテレビ番組（一九五五年に米国ではじまった『ミッキーマウス・クラブ』が、一九五九（昭和三四）年から一九六八（昭和四三）年まで断続的に放映されていました。

一九六〇（昭和三五）年には、皇太子明仁殿下（今上天皇）と美智子妃殿下（皇后陛下）が米国ディズニーランドをご訪問され、ウォルト自身が場内を案内した際の様子が同番組中で紹介されました。

先述したように、他国との比較では興行収入ランクは低位でした。しかし、日本におけるディズニー社のキャラクター人気は、すでに上がってきていたのです。

またディズニー社が東京にコンサルタント会社を置き、市場調査をすると、商圏を日本だけでなくオリエント（東洋）全域と設定すれば、入場者数年間一七〇〇～二三〇〇万人、総工費二億五〇〇〇万ドルという試算が出ました。遊園地にかける費用としては当時の常識とはかけはなれた額でした。しかし、もしこの入場者数を毎年確保できるなら、十分に採算がとれます。

そんな時に、日本からの矢継ぎ早のアプローチです。

ついにディズニー社はオリエンタルランドの招きを受け入れ、一九七四（昭和四九）年一月、カードン・ウォーカー社長らディズニー社の経営陣七人で視察にやってきました。

■なぜ異例のスピード決定に至ったか

オリエンタルランドは準備万端整っていました。

「まず現地をみてもらうことが、説得の第一歩になる」（『私の三井昭和史』一五九頁）と考え、帝国ホテルで誘致計画をプレゼンテーションした後に、ヘリコプター三機に分乗し、浦安地区の埋立地を上空から視察してもらいました。このあざやかな手法が決定打となりました。

三菱地所も富士山麓にある「富士スピードウェイ」の広大な跡地を再開発する目的でディズニー社に接触していました。

しかし、ディズニー社は航空視察からわずか二日後の一二月六日に、「オリエンタルランドとともにディズニーランドのテーマパークを建設する可能性を追求したい」と表明し、両者は基本合意に至ったのです。

川崎氏が一九五八（昭和三三）年に、米国アナハイムで「ディズニーランドを日本へ」と決意してから一六年。夢はようやく現実の世界へ降り立ちました。

江戸氏は、ディズニー社が異例のスピード決定した理由は二つあったと述べています。

①東京都心まで一五キロという至近距離であること
②周辺五〇キロ圏に二五〇〇万人の、それも経済成長で豊かになった人びとがいること
（同、二二二頁）


しかしそれ以外にも、候補地が三方を川と海に囲まれ、テーマパークに必要な、「非日常性」が高く保たれる地区であることなどが理由として考えられました。

とはいえ、当時は湾岸道路もＪＲ京葉線も通じていません。

交通の便はたいへん悪く（一番近い京葉線舞浜駅が開業したのは、ディズニーランド開業五年後の一九八八〔昭和六三〕年です）、通常のアミューズメント施設の計画なら真っ先に候補から外されていても不思議ではありません。

しかし、ディズニー社は、先の二つの理由から「世界的に見ても稀有な好立地」だと考えていました（同二二一頁）。だから、視察後わずか数日で、重要な判断をすることができたというわけです。

もちろん、事前に調査を重ねていたことも判断が早かった理由のひとつでしょう。しかし、それだけでなく、ディズニー社はそもそも経営判断が非常に早かったのです。

そしてその後、オリエンタルランドにもスピードを求めました。

その企業文化の差が、後にさまざまな軋轢や対立を生むことになります。

しかし、この問題はひとまずおき、別の問題がオリエンタルランドに発生したことを次に述べましょう。

5. 高度経済成長の終焉と浮上した難題

■「東京ディズニーランド」と命名

一九七四（昭和四九）年の基本合意後、両者は具体的な第一次検討作業に入り、九か月後に「オリエンタル・ディズニーランド構想」として発表されました。

ここでは浦安地区のディズニーランド建設に対する適性が改めて検証され、当初の結論が正しかったことと、それに基づく開発プランの大枠が示されました。

次に一九七六（昭和五一）年、第二段階の検討作業を行う契約が結ばれ、「オリエンタル・ディズニーランド」は具体的な設計段階へと進みました。

そして一九七七（昭和五三）年、「オリエンタル・ディズニーランド」は、その名前を「東京ディズニーランド」と正式決定します。

ここからディズニー社とオリエンタルランドは、全体設計の検討と同時に、契約条件の交渉を並行して行うことになりました。

■発案者・川崎千春氏の離脱と最大の試練

ところがこの肝心な時期に、オリエンタルランドに大きな問題が起きます。

一九七三（昭和四八）年に起きた第一次オイルショックによって、物価高騰と急激な消費縮小が起こりました。消費者物価指数は一九七四（昭和四九）年の一年で二三％も上昇する一方、ＧＮＰはマイナス一・二％と戦後初めてのマイナス成長となり、高度経済成長時代が終焉したのでした。

多くの企業が、ちょうどバブル経済崩壊のような大打撃を受けます。

オリエンタルランドの中心となっていた京成電鉄もその不況のあおりをまともに受けた会社のひとつでした。川崎氏が沿線で積極的に行ってきた開発事業が裏目に出たのです。

川崎氏は京成電鉄の経営立て直しに専念するために、オリエンタルランドを離れることになりました。

ちょうどディズニー社との基本合意がむすばれ、先に述べた具体的計画を進めていた最中の出来事でした。計画の中には、もちろん資金調達計画も入っています。

オリエンタルランド自体は大きな会社ではありません。よって、大株主である京成電鉄と三井不動産が保証しないと、巨額の銀行融資は受けられません。

しかし京成電鉄は、経営悪化によって銀行に対する保証能力を失います。そして、もしディズニーランドの事業が失敗しても、金銭は一切支払えないと三井不動産に通告してきました。同時に、千葉県と浦安町とを加えた三者から、事業を三井不動産の主導で継続してほしいと強い要望が出されました。

三井不動産が断れば、計画はご破産です。東京ディズニーランドが実現するか否か、最大の試練が訪れました。

■夢をつないだディベロッパーの知恵

三井不動産内では侃々諤々《かんかんがくがく》の議論が巻き起こりました。

三井不動産は不動産ディベロッパーです。アミューズメント施設の経営ノウハウなど全くありません。またディズニーのブランド力やテーマパークの集客力など、すべてが未知のことばかりです。入場者数や総事業費、採算などを予測しても、ディズニー社のはじき出した数字とは全く異なります。

加えて、ディズニー社が「契約期間は五〇年、ロイヤリティはすべての収入の一〇％」という条件を突きつけてきました。契約期間もロイヤリティ率も、知的所有権に対する評価が低かった当時にしてはとんでもない条件です。

ロイヤリティ交渉はその後、入場料の一〇％、物品販売の五％をディズニー社に支払うという条件で妥結しましたが、不安にならないほうがおかしい状況だったのです。

夢は潰えたかに見えました。しかしここで、不動産ディベロッパーらしいアイディアが、夢を苦境から救いました。それは、オリエンタルランドが所有する土地の担保能力を高めるという方法です。

つまり、レジャー用地六〇万坪のうち、東京ディズニーランドで使用する土地が三〇万坪（約一〇〇ヘクタール）あるが、その他の土地について、もしテーマパーク経営が不振に陥った場合は、住宅用地等に地目を変更して売却し、資金と損失の補填をすることができるようにするのです。そうすれば担保能力が高まるため、銀行も融資を決断するはずだという目論見です。

地目の変更等は地方自治体の認可が必要です。つまり、規制緩和によって民活をサポートするというわけです。三井不動産は千葉県と交渉し、この特例を認めさせることに成功しました。

■一八〇〇億円を調達するには？

先述の江戸英雄氏は、一九七四（昭和四九）年に三井不動産会長に退いていましたが、この苦境を乗り切るため、後継で、当初は東京ディズニーランド構想に反対の立場をとっていた坪井東社長、オリエンタルランド二代社長に就任した高橋政知氏とともに、陰に日向に立ち回ります。役に立ったのはやはり、持ち前の人脈でした。

中でも、旧知の松下幸之助氏（松下電器産業〔現パナソニック〕創業者）に相談したところ、「大いにやりなさい。自分のところもスポンサーの一人になりましょう」（『私の三井昭和史』一六〇頁）と、四〇億円の大口スポンサーになってくれたことが大きかったようです。その後、多くの大手企業がスポンサーとして手を挙げてくれました。

当時、松下幸之助氏は「経営の神様」とうたわれ、財界の指導者的立場にありました。

その松下氏と松下電器が動けば財界全体の協力を得られるはずという目算だったのです。目論見は見事に的中し、さらには大手企業経営者の集まりである経済団体連合会（経団連）の土光敏夫会長（当時）も応援してくれることになりました。

このように、東京ディズニーランド構想は、日本の財界の全面協力を得ることができ、それを後ろ盾にして、一九八〇（昭和五五）年に、日本興業銀行と三井信託銀行を幹事とする二二行からなる大協調融資団が結成され、ピーク時には一八〇〇億円にのぼったという巨額の融資を一度も滞ることなく受けることができたのです。

■実現の原動力はなにか？

もう発案者の川崎氏は戦列を離れています。なぜ、江戸氏をはじめとする三井不動産は、東京ディズニーランドの実現に向けて、必死な努力を積み重ねたのでしょうか？

その答えを、江戸氏は素直な言葉で、端的に綴っています。

千葉県がこのような約束をしてくれたことで、私は銀行に迷惑をかけるような事態は回避できると判断して、（オリエンタルランドの）高橋社長に「ゴー」のサインを出した。東京ディズニーランドの実現は、このような次第で行った決断の結果であって、今の東京ディズニーランドのような盛況を予想したものではまったくない。

（『三井と歩んだ七〇年』二二四頁）

「迷惑をかけるような事態は回避できる」。ウォルトの創造力や川崎氏の抱いた夢の力に比べると、何と地味で謙虚な発言でしょう。

ともすれば、東京ディズニーランドの成功物語は、ウォルトや川崎氏による前向きの力ばかりに焦点が当てられがちです。しかし本当の窮地を救ったのは、実務の力であり、「他人に迷惑はかけられない」と考える日本人に特徴的なパーソナリティだったとするなら、これは、後述する他国でのテーマパーク展開との比較に、大きな示唆を与えてくれるに違いありません。

6．卓越したプレゼンテーションの主役

さて、話を少し戻しましょう。

ディズニー社との交渉がまだ先行き不透明だった一九七二（昭和四七）年。一人の敏腕プロデューサーが、江戸氏の求めに応じて、オリエンタルランドのレジャー事業本部長として入社してきました。堀貞一郎《ほりていいちろう》氏といいます。

堀氏は、広告代理店、電通のプロデューサーとして、創生期のテレビ番組やCMなどの映像制作、東京オリンピックや大阪万博のパビリオン制作に携わり、成功を収めた人物です。「ヤン坊マー坊天気予報」（ヤンマー）や「手を上げて横断歩道を渡りましょう」（警視庁）などのキャンペーンを手掛けたといえば、その敏腕ぶりを実感できるはずです。

彼がオリエンタルランドで任されたのはレジャー事業のプロデュースでしたが、それ以前にディズニーランドの誘致活動でもその腕前を遺憾なく発揮しました。

たとえば当初、海外発のディズニーランドは西ヨーロッパが第一候補でした。

しかし堀氏は各国の事業体がディズニー社に行ったプレゼンテーション資料とそれに対するディズニー社の反応を調査し、どの事業体も明確な市場調査報告書を提出しておらず、そのことにディズニー社が不満を抱いていることを察知しました。

さらに、当時ディズニー社が、ネバダ州レイク・タホに開発しようとしていたウィンター・リゾート施設が住民の反対によって頓挫したことを知りました。オリエンタルラン

ドのプレゼンテーション資料には、綿密な調査にもとづく市場調査報告書と、そこに数字の羅列でなく、

・経営理念
・社会的責任
・二一世紀のアジア市場に関する予測
・アジアにおける日本の位置
・その役割
・国情
・交通網
・日本のGNP
・日本人の教育水準
・単一言語性
・首都圏の特異性
・人口

・レジャーニーズ

を記し、一読で全体像がつかめる報告書を作成しました。これにより、ディズニー社におけるオリエンタルランドの構想の優先順位は格段に跳ね上がったということです。

また、来日したディズニー社の経営陣に対し、ヘリコプターを使い、上空から立地を説明するというアイディアも堀氏の発案です。

この堀氏の調査能力、要点をつかむ力、それをわかりやすく表現するプレゼンテーション能力、時には大胆な戦略に打って出る度胸。これらが、ハリウッドで戦い、ショービジネスの王者として君臨したディズニー社経営陣のこころをとらえたのです。

7. 新たな困難

■ゼネコン各社のプライドに火をつけろ

ピーク時には一八〇〇億円もの資金が必要だったと述べましたが、ディズニー社と契約を交わした一九七四（昭和四九）年には六五〇億円程度と見込まれていました。

しかし高橋社長と江戸氏が米国ディズニーランドを見学した際、二人は建設費だけで一〇〇〇億円はかかるだろうと予想しました。

本格的に着工するまえに、専門家に見積もりを出させなければなりません。そこで電通PR局局長で建築・設計の専門家だった長谷川芳郎《はせがわよしろう》氏を、常務取締役建設本部長としてオリエンタルランドに迎い入れ、その作業を任せました。

長谷川氏はさっそく米国ディズニーランドを視察します。たかが遊園地と舐めていたといいますが、バックヤードの複雑な運営システムを知り、テーマパーク建設の奥深さに驚くと同時に、当初見積もりの六五〇億円ではとうていまかないきれないと見抜きます。

またアトラクションはすべて職人たちの手による一点ものばかり。しかも設計図がありません。映画の大道具・小道具のように、職人が製作したものをディレクターがチェックし、直していくという作業を繰り返して作られていたのだろうと長谷川氏は推測しました。さらに電気や水道がどれくらい必要で、どれくらいの費用がかかるのかといったエンジニアリングデータも存在しませんでした。

原価計算ができなければ総工費の見積もりも出せません。かといって、オリエンタルランドが設計図を準備するには、時間もコストも人手も足りません。

そこで長谷川氏は、施設とアトラクションを六工区に分け、それぞれを別の大手ゼネコンに発注しました。通常、アミューズメント施設の施工は、企画・設計・建設を一社が一括して請け負い、手に負えない部分を他社に委託するという形式がほとんどでした。最初から分割するなど常識外です。また月に一度、長谷川氏が主宰して「総合工程会議」を開き、各社に受け持ち工区の進捗状況や問題点等を報告・検討させるようにしました。

これらには隠された狙いがありました。ゼネコン各社はさまざまな分野でしのぎを削るライバル同士だったのです。東京ディズニーランドでも、名誉にかけて他社よりよいものを作ろうとたいへんな意気込みだったということです。

設計図がないのもなんのその。各社はこぞって担当者を米国ディズニーランドに派遣し、担当する工区のアトラクションを写真に収め、それをもとに設計図を起こし、エンジニアリングデータを算出していきました。長谷川氏の狙いは、見事に的中したのでした。

■成功への近道は妥協しない覚悟

問題をひとつひとつクリアしていき、いよいよ、一九八一（昭和五六）年一月、東京ディズニーランドの建設が本格的にはじまります。ところが建設をはじめて半年も経たな

いうちに、総工費は一〇〇〇～一八〇〇億円となることがわかってきました。理由は、

①ディズニーランドの施設を監修するイマジニアたちのこだわりが、オリエンタルランドの予想をはるかに超えていたこと
②埋立地の軟弱地盤工事に費用がかさんだこと
③建築資材と人件費が高騰したこと

の三点でした。オリエンタルランドの資金調達を支えているのは三井不動産です。三井不動産の坪井社長はオリエンタルランドの高橋社長を呼び出し、借入金が一〇〇〇億円を超えると採算ラインを超えられないので、計画を縮小するようにと厳命しました。

ところが高橋社長は、この指示に従いませんでした。もし計画の縮小や変更があった場合、ディズニー社が契約解消を訴えてくる可能性があったからです。

またそもそも、高橋社長は不動産ディベロッパーとして当初から東京ディズニーランドの計画にたずさわり、米国ディズニーランドが成功した理由や川崎氏がなぜ数十年にわた

りディズニー招致にこだわったのかを誰よりも深く考えていました。

たとえば、米国のイマジニアたちは、もともと映画畑の製作スタッフで、ウォルト直伝のどんなことにも徹底的にこだわるマインドをもっています。創造性、美しさ、ユニークさなどが彼らにとってすべてであり、コストのことは一切考慮しません。一般の建設会社やディベロッパーとは違う尺度で事業に当たり、成功を収めてきたのです。もっともウォルトやイマジニアたちが無視したコストの帳尻を合わせるために、ウォルトの兄ロイ・ディズニーが金策に奔走していたのですが。

高橋氏が出した結論は、米国ディズニーランドが成功し、川崎氏がその魅力にとりつかれたのは、ディズニー社がすべてにわたって高品質なサービスを提供していたから、というものでした。高橋氏は、米国のイマジニアリング社も驚くようなクオリティを追求することが、東京ディズニーランドを成功に導く近道だと確信していたのです。

■「既成概念」「固定観念」ともたたかった東京ディズニーランド

しかし、そのことに気づいていた日本人はほとんどいませんでした。

マスコミだけでなく、関係者の中にも「一年でつぶれる」「三年もてばいいほう」と発言する人が大勢いました。「たかが遊園地」という声も根強くありました。そんなものに一〇〇〇億円をゆうに超える投資をするほうが狂気の沙汰だったのです。計画の縮小を強く要望した坪井社長の判断のほうが、当時としては正しかったのです。

今ならもっと理解者は多いでしょう。しかしそれは、東京ディズニーランドを知っているからです。パイオニアが賞賛されるべきなのは、こうした既成概念や固定観念を乗り越えたからなのです。この点は、何度強調しても強調しすぎることはないでしょう。

■日米の文化の違いに苦しむ

さらにオリエンタルランド関係者は、このような日本国内の風評だけでなく、協力関係にあるはずのディズニー社とも多くの対立を乗り越えなければなりませんでした。

その最大の原因は、意思決定やコミュニケーション方法のちがい――つまり文化のちがい――にありました。

日本人はなかなか本音を言いません。ディズニー社から派遣されたスタッフが質問を投げかけても明確な返答がなく、物事の決定が遅く、したがって作業の進捗も滞るのです。

またディズニー社スタッフが提案したり、意見を述べたりすると、日本人スタッフはその場ではうなずきますが、その後上司と相談し、当人同士の合意を撤回するというようなことも多くありました。その繰り返しが、互いの不信を生む結果となっていたのです。

ディズニー社スタッフの証言によると、オリエンタルランドが予算不足に陥っていることはディズニー社スタッフも知っていたのですが、日本人スタッフはそのことをディズニー社スタッフに一切説明しないため、いくら足りないのか、どこを節約したのかなど具体的な検討に入れませんでした。そのことで余計なコストと時間を費やし、事業費全体にまで影響を及ぼしました。

米国では個人的な信頼関係がなくても、条件の一致と契約締結によってビジネスを成立させることができます。しかし、日本では個人的な信頼関係のある相手でなければビジネスが成立しません。

ディズニー社は、ここにおいて異文化コミュニケーションが、自分たちの想像していた以上にむずかしいものだということを理解したということです。

8．相互理解の先に見えたもの

■異文化の溝を飛び越えた職人魂

しかし、東京ディズニーランドの建設は、両者に誤解ばかりを生んだわけではありません。むしろ解決すべき課題が明確になったという表現が正しいでしょう。予算問題などの影響で施設設計や環境が二転三転する中、ディズニー社スタッフは、ようやく決定した一九八三（昭和五八）年四月一五日の開業予定日に間に合わないのではないかと心配していました。

工事を請け負ったゼネコンは、工程別に下請業者に実際の工事を発注しますが、その下請業者があまりに規模が小さく貧相だったので、果たしてディズニーランドを施工する技術などあるのかと疑いの目で見ていたのだそうです。

しかしどんなに小さな業者でも技術力が高く、しかも開業日が近づくと、文句ひとつ言わずに二四時間体制で雨の日も雪の日も作業をつづけ、開業日に間に合わせたため、ディズニー社スタッフはみな、その職人魂に感動し、親日家になったそうです。

■日米の感性を融合させたショー演出

ディズニー社とオリエンタルランドが肝胆相照らす仲となり、一致団結して作り上げたのは、建築物やアトラクションだけではありません。

ディズニーランドの売り物であるショーもそのひとつです。

東京ディズニーランド建設にあたって、イマジニアの中心メンバーだったのはジョン・ヘンチ氏です。彼は『ファンタジア』等のアニメーション映画製作にたずさわった後、イマジニアリング社へ移り、ディズニーランドの目玉アトラクション「トゥモローランド」の建設をはじめ、さまざまなアトラクション制作を手掛けました。ディズニー・ワールドの計画からは、マスタープランの設計に参画するなど、ディズニー作品の芸術的側面を担っていた人物でした。

東京ディズニーランドのショーは彼が中心になってプランが練られましたが、前述の堀貞一郎氏は日本人の好みとはずれていると考え、改善を提案します。

その提案はすぐに受け入れられました。この出来事をきっかけに堀氏は、イマジニアリング社とオリエンタルランドの感性のずれを調整する人物が必要だと痛感しました。そこで東宝や電通のプロデューサーたちに協力を依頼し、米国ディズニーランドの感性と、オリエンタルランドが求める日本人が好む感性との融合を図りました。

■ おもてなしの礎

しかしアトラクションや施設、ショーもさることながら、長谷川氏を驚かせた、米国ディズニーランドのバックヤードにおける複雑な運営システムを、自分たちのものにしないことには、「ディズニーランド」とは言えません。

この点について、オリエンタルランドはディズニー社から学ぶべきことばかりでした。当時の日本の常識をはるかに超えるホスピタリティを要求されていたからです。

オリエンタルランドとディズニー社は、本格着工を遡ること二年前、「東京ディズニーランドの建設および運営に関する契約」を締結していました。

この契約に基づき、一九八〇（昭和五五）年から米国ディズニーランドでの社員研修がはじまりました。第一陣はパーク運営のキーパーソンになる幹部社員九人たちでした。彼らは一年にわたり、パークの運営とマネジメントを中心に、ディズニー社の歴史、ショーの性質といったことも幅広く、しかも実践的な内容のトレーニングを受けました。この研修受講者はのべ一五〇〇人に及びました。

そして彼らは、もはや「文化」とも呼ぶべき、東京ディズニーランドの「キャスト」によるおもてなしの礎となりました。

■幸せな結末。そして奇跡のはじまり

一方は、国内にほとんど理解者のいない「テーマパーク」という未知の業態の創出に苦心し、もう一方は、特異な企業文化をまるごと海外進出させるという初めての経験に驚き、あわてる――。「東京ディズニーランド」は、未知と初体験とがぶつかりあってできた、いわば奇跡のようなものでした。

さまざまな人びとの協力を得た川崎氏の夢は、予定通り、一九八三（昭和五八）年四月一五日に、実に四半世紀の時を経て、奇跡へと昇華しました。

開業のその日、オリエンタルランドの高橋社長、米ディズニー社のウォーカー会長、そしてミッキーマウスをはじめとするディズニーのキャラクターたちが、大勢の関係者、マスコミ、そしてゲストが見守る中、テープカットを行いました。

約三〇〇〇人のゲストの中にはもちろん、川崎千春氏の姿もありました。

三　なぜ日本以外のディズニーランドは「大」成功しないのか？

1．東京ディズニーランドの「大」成功がもたらした傲慢

■想像以上の「大」成功だった東京ディズニーランドの功罪

東京ディズニーランドは「大」成功を収めました。

開業一年弱で、目標だった来場者数一〇〇〇万人を達成します。

翌々年（一九八五〔昭和六〇〕年）には、今でも看板のショーと位置づけられている「東京ディズニーランド・エレクトリカルパレード」を開始。同じ時期に茨城県つくば市において「国際科学技術博覧会（通称「つくば万博」）」が開催され、半年で二〇〇〇万人の入場者を集めた相乗効果もあり、東京ディズニーランドも入場者数は増加の一途をたどります。

一九八六（昭和六一）年には、「東京ディズニーランド・オフィシャルホテル・プログラム」の第一弾として「サンルートプラザ東京」が開業。このプログラムに沿って、現在まで三軒の直営ホテルと六軒のオフィシャルホテルが整備されました。

長年、経営を苦しめた借入金は、一九八六（昭和六一）年に完済しました。

さらに開業まもなくから新規設備投資計画が検討され、第一次計画として一九八七（昭和六二）年に「ビッグサンダー・マウンテン」、第二次計画として「スター・ツアーズ」（一九八九〔平成元〕年）、「スプラッシュ・マウンテン」（一九九二〔平成四〕年）など、人気アトラクションが次々導入されます。

一九八八（昭和六三）年には、東京ディズニーランド直近に京葉線舞浜駅が開業。地下鉄東西線浦安駅からのバス輸送に依存していた交通の便が、一気に改善されます。

また京葉線は一九九〇（平成二）年に東京駅まで全線開通し、全国の鉄道網の中心とダイレクトにつながることで利便性がますます高まりました。

これらの好影響に後押しされて、一九九一（平成三）年には入場者数累計一億人、年間入場者数一六〇〇万人を達成。そして開業一五周年の一九九八（平成一〇）年には、東京ディズニーランド単体として一七四六万人の入場者数を記録。

その後、入場者数は順調に推移し、二〇一七（平成二九）年七月三一日には、ついに東京ディズニーランドと東京ディズニーシーを合わせて、累計七億人という偉業を達成しました。

■大きく広がった経済波及効果

三菱総合研究所が一九八九（平成元）年にまとめた「東京ディズニーランドの経済的波及効果」というレポートによると、

①来場客の関連支出は、一九八八年度に全国で二七四九億円を創出。これは当時の映画産業の総売上高の八割に相当し、特に千葉県では六二六億円、千葉県シェアは二三％で初年度比五％増となった。

②全国における生産誘発額は、一九八八年度約九一〇〇億円。清涼飲料水産業の出荷額に匹敵し、千葉県では一一二一億円、千葉県シェアは一二％で初年度比三％増となった。

③全国における雇用創出力は一九八八年度約九万六〇〇〇人。千葉県市川市全体の雇用に匹敵し、千葉県では一万四〇〇〇人、シェアは一五％で初年度比三％増となった。

（『三井と歩んだ七〇年』二二八頁を要約）

だったということです。東京ディズニーランドは、全国の産業を活性化させ、中でも地元千葉県に大きな影響を与えました。計画当初から全面的に支援していた千葉県の目論見は、正鵠を得ていたのです。

■日本文化へも好影響を与える存在となる

人気を維持したのは、投資だけが要因ではありません。一九八八（昭和六三）年に若干動員が落ちると、オリエンタルランドはすぐに手を打ち、米国で人気が高かった子供向けエリア「クリッターカントリー」を増設。人気の維持に努めました。

また、東京ディズニーランドでは、施設だけでなく働く人たち――キャスト――の存在に注目が集まりました。

東京ディズニーランドの現場を支えるキャストは、応募すればすぐになれるものではなく、当時は画期的だった精神面での人材育成がほどこされました。「ゲストに良いサービスを提供して喜ばれることが、キャストにとっての喜びである」というウォルトの考えを徹底的に叩き込まれたのです。

現場に出たキャストは、ゲストの声に耳を傾け、不満や不具合があれば改善策を練りました。そして、それを個人の技術や知識に留まらせず、「接客マニュアル」に反映させて全キャストが共有するという仕組みを作りました。このような作業を積み重ねて、東京ディズニーランドのサービススタイルは、徐々に確立されていきました。

このスタイルは東京ディズニーランドにとどまらず、その後の日本のサービス業の接客に大きな影響を与えたと考えられます。

現在、観光立国を目指す日本では「おもてなしの心」を強調し、実際外国人観光客の中には、日本の丁寧な接客に感銘を受ける人が大勢います。その質の高い接客のうち何割かは、東京ディズニーランドが確立した接客スタイルに影響を受けているのではないでしょうか。この点は推測にすぎませんが、東京ディズニーランドのサービスが、日本社会全体に与えた影響は、数字では表しえないものがあると考えます。

■年間二五〇〇万人を集める世界トップクラスのテーマパークに成長

東京ディズニーランドは、その後も発展をつづけます。

一九八八（昭和六三）年に「第二パーク構想」を発表すると、その発展形として一九九六（平成八）年に「東京ディズニーシー」の開発が発表され、翌年に工事が着工されました。ここにおいて、東京ディズニーランドは東京ディズニーシー等を含めたより広い舞浜エリアを包括した「東京ディズニーリゾート」という新しい名称を与えられました。

東京ディズニーシーは二〇〇一（平成一三）年九月に開業し、東京ディズニーランドを上回る、わずか三〇七営業日で一〇〇〇万人の入場者を達成します。

そして二〇〇三（平成一五）年に開業二〇周年を迎えた東京ディズニーランドの一五か月に及ぶアニバーサリーイベント期間中には、二つのパークで入場者数が年間二五〇〇万人を突破するという偉業を達成しました。

2.「オリエンタルランド・ショック」

■ディズニー社の力の源泉とは

一九八四年にパラマウント映画からディズニー社にヘッドハンティングされ、低迷していたディズニー社を立て直したマイケル・アイズナー会長兼ＣＥＯは、東京ディズニーランドの成功について、以下のように述べています。

ディズニー社とオリエンタルランドは当初、互いに対立関係にあった。東京ディズニーランドが巨額の負債を抱えていた当時は、ディズニー社へのロイヤリティの支払いについて負担に感じていたのも知っていた。しかし、ディズニーランドにはそれだけの価値があった。わたしたちは、ひとつのプロジェクトから次のプロジェクトを導き、それを積み重ねているあいだに、関係を変化させていった。現在では世界中にあるディズニー社のパートナーシップ企業の中でもおそらくベストの関係を築いている。友好的かつクリエイティブで、プラス思考が問題解決を容易にしている。東京ディズニーランドの成功は、こうした動きの中で、日本人のもつチームワーク力とアメリカ人のもつ個人主義が、うまく融合したおかげだ。

（『海を越える想像力』加賀見俊夫、講談社を要約）

オリエンタルランドの第五代社長（現会長）で、東京ディズニーシー開業の責任者だった加賀見俊夫氏は、ディズニー社の強さの源は、イマジニアリング社に代表される創造力と、弁護士グループによる法務能力だと著書で述べています。

オリエンタルランドは当初、三井不動産と京成電鉄からの出向者が中心の企業であったため、合理的・論理的な経営判断ができず、ディズニー社に圧倒されていました。しかし日本の経営慣行が通用しないとわかると、知的財産権やロイヤリティの交渉を通じて、少しずつ法務能力と交渉力を高めていったということです。

その成果のひとつが、物品販売のロイヤリティを五％に抑えたことでした。

■ディズニー社の失敗

ディズニー社は当初、オリエンタルランドに物品販売の売上の一〇％をロイヤルティとして支払うように要求していました。しかし、オリエンタルランドは交渉の結果、五％に下げさせることに成功しました。物品販売の売上が大きいと見込んでいたディズニー社はなぜ、妥協したのでしょうか？

このことについて、アイズナー氏は「失敗した」「日本人には旅行先でかならず土産を買う慣習があると知らなかった」と述べています（マイケル・アイズナー著、布施由起子訳『ディズニー・ドリームの発想』徳間書店）。

ディズニー社は、この二つの文化の違いについて、調査ができていなかったのです。

さらに、オリエンタルランドと交わした契約内容には、ディズニー社が東京で他の事業を展開する権利が含まれていませんでした。

これも、東京ディズニーランドの未来予測を誤った、ディズニー社のミスでした。

東京ディズニーランド、ひいては東京ディズニーリゾートの「大」成功で、ディズニー社はリスクを侵すことなく、莫大なロイヤリティを手にしました。その額は、当時で年間一〇〇億円以上、現在では年二〇〇億円台にものぼると言われています。しかし、ディズニー社は、東京でそれ以上事業を展開する権利を確保していなかったのです。

これはディズニー社には許しがたい失敗でした。

この出来事によって、ディズニー社は、ウォルトが最初のオリジナルキャラクター「うさぎのオズワルド」の著作権をユニバーサル・ピクチャーズに奪われた時と似たような感情に襲われただろうと想像できます。

この時の状態を、わたしは「オリエンタルランド・ショック」と名付けました。

この失敗は二度と繰り返さないと誓ったとアイズナー氏は述べています。

しかし彼らが実行したのは、ウォルトのようにすばらしいキャラクターを創造したのではなく、「自分たちこそがすごいのだ」という勘違いに陥ったのです。

3.「ユーロディズニー・ショック」

■ヨーロッパへの進出

江戸英雄氏によれば、ディズニー社は一九七三（昭和四八）年に初めての視察を終え、初の海外進出先を浦安に決定した当初から、

「私たちのノウハウをもってすれば成功疑いなし」と自信たっぷりだった。

（『私の三井昭和史』一六〇頁）

ということです。

しかし、大きなロイヤリティ収入を得、海外展開のノウハウも吸収したものの、ディズニー社にとって東京ディズニーランドは一二〇％の成功ではありませんでした。

それどころか、先述の「オリエンタルランド・ショック」が、ディズニー社のプライドを傷つけたと考えても不思議ではありません。

ディズニー社は、次の国際展開はかならず直接経営を行うと決めました。

先に登場したディズニー社を復活させた敏腕経営者マイケル・アイズナー氏は、一九八八年にディズニー社の長期戦略をまとめ、

①既存の事業をさらに成長させること
②新規の関連部門について精査したうえで進出すること

と発表しました。②についてアイズナー氏は、

「次の大規模テーマパークは大阪、北京、モスクワが有望だろう。ただし中ソの場合、そう簡単に話が進むとは思えないが」

と日本経済新聞の取材で述べました（一九八八〔昭和六三〕年四月六日朝刊）。

しかしディズニー社の二つ目の海外展開の拠点は、それらではなく、フランス・パリ郊外のマヌル・ラ・ヴァレという街（パリの東三〇キロの立地）に決まりました。名前は「ユーロディズニーランド」（現「ディズニーランド・リゾート・パリ」）です。

東京ディズニーランドの場合、川崎氏のひらめきから進出決定まで一六年の歳月を費やしました。前述のアイズナー氏の発言を信じるならユーロディズニーの決定は一年もかかっていません。驚くほど急な決断でした。

運営はユーロディズニーS．C．A．が行うことになりました。同社の株式は、ディズニー社が四九％を取得し、残り五一％を民間金融機関がもつのです。つまり、ディズニー社が念願した直営によるテーマパークでした。

海外で初めてディズニーランドを成功させた企業として、そのノウハウを活かすべく、オリエンタルランドがユーロディズニーの経営にも参画するという話もありましたが、結局そのプランは立ち消えとなりました。

■金融マーケットの期待を一身に背負う

建設の発表につづいて、資金調達計画も公表されました。総工費は約三〇八二億円、そのうち民間金融機関から一一七三億円を調達するという計画です。

東京ディズニーランドが建設資金を調達するためにたいへんな苦労を重ねたのとは反対に、ユーロディズニーの計画には多くの金融機関が参加を表明しました。

金融マンたちはみな、東京ディズニーランドの成功を見ていました。どんなに巨額な融資でも、数年で完済でき、その後も大きな利益を生み続けるのです。それにディズニー社は自信満々です。手を挙げない理由がありません。

さらにフランス政府が景気対策、雇用対策としてユーロディズニーに大きな期待を寄せていました。また一九九二年に予定されていた欧州統合（ユーロ経済圏の創出）の記念碑的事業として位置づけられていたり、開業予定の一九九二年には、同じヨーロッパでセビリア万博とジェノバ海洋博が開催予定だったため、相乗効果も期待できました。

失敗を想像するほうがむずかしいくらいでした。

融資団は世界中の金融機関が参加し、バブル経済真っ只中だった日本からも、幹事行の日本長期信用銀行をはじめ、七行が参加。中でも地方銀行として唯一参加した北陸銀行は、ロンドンに支店を開設するほどの力の入れようでした。

またユーロディズニーは銀行融資だけでなく、株式市場からも資金を調達しました。一九八九年に上場された株式は、旧ＥＣ（欧州共同体、ＥＵの前身）内の投資家限定で公募されましたが、日米の投資家が殺到し、人気銘柄となりました。

■期待の星から「文化のチェルノブイリ」へ

世界中の人びとの大きな期待を背負ったユーロディズニーランドは、このような経緯で、一九九二年四月に華々しく開業しました。

しかし、異変は開業初日から起こりました。三〇万人以上を見込んでいた入場者数が、五～六万人にとどまったのです。その後も天候不順、地下鉄のストライキなど悪条件が重なり、入場者数が伸びていないという風評が立ちました。

これに加え、もともと米国文化に対するアレルギー反応が強いフランスのマスコミや知識人が、ユーロディズニーは「文化のチェルノブイリ」と批判しました。

チェルノブイリとは「チェルノブイリ原子力発電所事故」のことです。一九八六年にウクライナ（旧ソビエト連邦）のチェルノブイリ原子力発電所で起こり、欧州全域が放射性物質による深刻な汚染に見舞われた事件になぞらえ、ユーロディズニーによって欧州が米国大衆文化に汚染されると訴えたのです。ずいぶんな言いようです。

六月に入るとユーロディズニーの不振は有名となり、同時に親会社であるディズニー社の業績も伸び悩むだろうという噂が世界の株式市場に飛び交いました。モルガン・スタンレー社は、ディズニー社の株式を「買い」銘柄から「手控え」銘柄に変更します。

結局、ユーロディズニーの初年度は赤字決算となりました。これは先行投資の影響が大きかったのですが、フランス国内のネガティブな風評ともあいまって、ユーロディズニーに対する一般人や投資家の評価を下げる結果となりました。

さらに、大型事業だったユーロディズニーの完成に伴うイマジニアリング社の人員削減やユーロディズニーにおける季節労働者等の削減も、欧州では否定的にとらえられます。農業補助問題をめぐる米仏間の対立を背景にしたフランス農業従事者のデモでは、米国を象徴する存在としてユーロディズニーがやり玉に挙げられ、トラクターがテーマパーク周辺を取り囲むという、とんだとばっちりを受けた事件も起こりました。

■外部環境の悪化

外部環境も悪化します。

多くの金融機関がユーロディズニープロジェクトに参加していた日本ではバブル経済が崩壊し、ユーロディズニーとその周辺の施設への投融資を引き上げる動きが活発になりました。国内がたいへんなのに、ヨーロッパのことなどかまっていられなかったのです。こうした投資の停滞による周辺の不動産開発の大幅な遅れは、ユーロディズニーの財務体質悪化を招きました。

さらに開業した一九九二年の秋には、イギリスポンドの為替レートが急落する「ポンド危機」が起こります。これによってフランス通貨であったフランに対し、自国通貨が大幅に下落したイギリス、イタリア、スペインなどからの予約が大きく減ります。フランス国内の風評被害にあっても他のヨーロッパ諸国からの来場者は堅調だっただけに、これは大きな痛手となりました。

ポンド危機の影響は欧州全土に広がり、景気の低迷によってユーロディズニーは書き入れ時の夏季ですら赤字を計上する事態となりました。

■ディズニー社の過信

悪いことはさらに重なります。

ユーロディズニーを運営するディズニー社の読み違いも痛手となりました。

冬の厳しい欧州では屋外型遊園地のほとんどは冬季に閉鎖されます。しかしユーロディズニーではこの常識をくつがえすべく年中無休としたため、人件費等の固定費が増大したのです。「ディズニーの魅力をもってすれば、常識をくつがえせる」という自信のほうが、あっけなくくつがえされてしまったのでした。

　それでもユーロディズニーは、入場者数では健闘していました。初年度の目標であった来場者数一五〇〇万人を達成していたからです。初年度に一五〇〇万人を集客したユーロディズニーは、東京ディズニーランド・東京ディズニーシーをはるかにしのぐ集客力を示しました。しかし客単価が上がりません。だから「小」成功なのです。

　園内でのお金の使い方に、米国と日本、欧州では大きな違いがあったのです。

　たとえばテーマパークにおいて、米国人は食べ物にお金をかけます。日本人は土産物やキャラクターのカチューシャ、帽子などにお金をかけます。ところがフランス人は、バカンスを安く長く楽しむという慣習があったのです。フランス人の一日あたりのバカンス費用は、日本人の六分の一、米国人の四分の一程度だという調査結果があるくらいです。この点を、ディズニー社は完全に読み違えていました。

　慣習といえば、食や身だしなみにも大きな違いがありました。

　有名なのはアルコールです。ヨーロッパ、特にフランスでは食事にワインは欠かせません。しかしユーロディズニーは、米国や日本に準じて、アルコール飲料を一切提供しませんでした。しかもレストランの単価が高かったのです。

また、「従業員はピアス禁止」という規則も物議を醸しました。「ファッションの都」パリで装飾品を禁止することでより受け入れられなくなったのです。

かつて江戸英雄氏がディズニー関係者から聞いた「私たちのノウハウをもってすれば成功疑いなし」という自信は、ユーロディズニーで打ち砕かれてしまったのです。

しかし翻って、東京ディズニーランドの成功を考えてみると、ショーの内容からキャストの接客まで、日本人を念頭に置かなかったことはひとつもなかったと言っていいでしょう。高橋社長がイマジニアたちの求めるクオリティのために体を張ったのも、職人魂に感銘を受けたのではなく、東京ディズニーランドが成功するための近道がそこにある、と考えたからだったのではないでしょうか。

ウォルトというカリスマを頂いていたがゆえに抱いた過信――。

ユーロディズニーでディズニー社が失敗した原因は、そこにあったのかもしれません。

入場者数だけに注目すると、ユーロディズニーは成功と言えるでしょう。しかしこうした点を総合してみると、この成功は、東京ディズニーランドの「大」成功とは違って「小」成功だったと見ることができます。

4. ユーロディズニーの反撃

■フランス人経営者の登場

一九九三年に入ると、ディズニー社はユーロディズニーのトップを米国人からフランス人のブルギニョン氏に変えます。開業から一年も経たずに、米国人による経営からフランス人による経営に変えたのです。

ブルギニョン氏はまず、フランス国内の各家庭に入場料割引クーポンを配布しました。この効果により、五月には入場者数が目標に達するようになりました。

しかし六月にクーポンの有効期限が切れると、途端に客足がにぶり、目標の六割程度になってしまいました。バカンス時期の予約もほとんど入らないありさまです。

また前述した慣習の違いから来る客単価の差に対応するべく、レストランなどの値下げ、アルコール販売の解禁などを実行します。

さらに冬季も営業を続ける代わりに、シーズン料金制を導入します。冬季の宿泊料金は夏季の六〇％程度となりました。これによって収益悪化の原因のひとつだった滞在型バカンスの不振に歯止めをかけようとしました。

固定費の削減にも手を付けます。人員削減を行ったのです。一万一〇〇〇人の従業員のうち九五〇人を削減。とくに管理職や事務職の人員削減を断行しました。

そして、東京ディズニーランドにとっての東京ディズニーシーのように、隣接地に「第二パーク」の建設を計画していたのですが、経営状態が回復するまで、無期延期とすることを決定しました。

新しい経営者は、再建に向けてあらゆる手段を講じたのです。

■ユーロディズニー閉鎖の報道

しかし一九九三年八月――。

イギリスの新聞『サンデー・タイムズ』は、ユーロディズニー閉鎖の可能性について報道しました。ブルギニョン氏はもちろん報道を否定しましたが、「成功を約束されたかに見えていた、あのユーロディズニーが、開業後一年半でまさかの閉園か」という内容は、あまりにセンセーショナルでした。同一一月の大幅な赤字決算報告を受けて、ユーロディズニーの株式価格は、最高値を記録した一九九二年四月の五分の一にまで急落。パリ証券取引所はパニックに陥りました。

親会社のディズニー社会長アイズナー氏は、ユーロディズニーの不評に連動したディズニー社の五億ドル以上の利益減少の責任をとって役員賞与を辞退します。そして、その年の年末、フランスの新聞に「フランスの銀行からの融資がまとまらなければ、ユーロディズニーの閉鎖もありうる」と語り、一方で融資銀行団と協議を重ねました。その結果、

①ユーロディズニーの増資を行い、ディズニー社と銀行団が引き受ける
②融資銀行団への利払いを軽減する

という二点の施策がまとまりました。

ここで増資分の株式購入に、サウジアラビアのアルワリード・ビンタラール王子が手をあげます。王子は「中東のウォーレン・バフェット」と呼ばれる投資家です。大物がバックアップしたこともあって増資は成功し、②の利払い軽減ともあいまって、損失額が縮小。少しずつですが、ユーロディズニーの財務体質は改善に向かいます。

■ 徐々に効果を上げた改善策

一九九五年、ユーロディズニーは入場料を約二〇％引き下げました。さらにその冬は暖冬傾向にあり、アトラクションが開業時の二九から四〇に増えたこともあり、入場者数も増加。結局、一九九五年度は前年比七〇万人増の九五〇万人の動員を記録しました。

その後も業績は順調に推移し、一九九六年九月期は入場者数の記録を更新。懸案だった冬季の入場者数減少、ホテル利用率の低迷も目立って改善していきました。

そして一九九六年九月には大幅な利益増加を記録し、ブルギニョン氏は「(ユーロディズニーは) もはや経営危機の企業ではない」と宣言。気づいてみると、米国文化の欧州文化への挑戦といった論調もすっかり陰をひそめていました。

ユーロディズニーは危機を脱したのです。

5. ディズニーはどこを見ていたのか？

■世界がディズニーを買いかぶっていたのか？

その後、ユーロディズニーは黒字に転換し順調に売上を伸ばしましたが、二〇〇二年三月に開業した第二パーク「ウォルト・ディズニー・スタジオ」が不振。しかも来客数の伸びと比較して、客単価や長期滞在型ホテルの業績を改善する策が空振りに終わり、ふたたび赤字に転落しています。

■顧客以外を見ていたディズニー社

本書では、大成功した東京ディズニーリゾートと比較して、ユーロディズニーが不調に陥った原因をいくつかあげてきました。

ディズニー社が現地の文化・慣習を理解しなかったこと、必要以上に自分たちの知的財産、方法を過信していたこと、東京ディズニーランドの大成功が、ディズニー社だけでなく世界中の投資家や金融機関の目をくもらせてしまったことなどです。

しかし、わたしが重要だと考えた点がもう一つあります。

それは低迷していたディズニー社を復興させた「中興の祖」マイケル・アイズナー氏に関することです。

アイズナー氏はデノン大学の文学部で英文学、演劇、映画学（アメリカには映画学部や映画学科があるのです）を専攻し、米国三大テレビネットワークのＮＢＣ、ＣＢＳを渡り歩いた後、当時三大ネットワークで視聴率最下位だったＡＢＣテレビに入局し、視聴率一位に押し上げて名をあげました。

その後、一九七六年にパラマウント映画に社長として入社。『サタデー・ナイト・フィーバー』や『スタートレック』等のヒット作を連発します。

その功績が買われて、経営危機と企業買収の危機に瀕していたディズニー社のロイ・エドワード・ディズニー氏（ウォルト・ディズニーの兄ロイ・オリヴァー・ディズニーの息子）にヘッドハンティングされ、一九八四年にディズニー社に入社しました。

入社後は、ディズニー社を映画とテーマパークだけの企業から、巨大メディア多国籍企業へと変貌させ、一九九一年にはディズニー社を、「ダウ平均株価」を算出するために選ばれる三〇社「ダウ工業株三〇種」のひとつに選ばれるまでに成長させました。

その経営手腕が、世界的に見ても稀有であることはまちがいありません。

しかし彼は、ウォルト同様に、テレビや映画の製作現場出身であるにもかかわらず、顧客ではなく株主志向が強い人物でした。

前掲の『ディズニー・ドリームの発想』を読むと、顧客に満足してもらうことに心を砕くよりずっと、ウォールストリート、金融アナリスト、機関投資家からの評価を気にし、株主への責任を果たすことを重視しているのです。

とはいえ、アイズナー氏の株主志向は、米国企業では普通です。

米国では経営者の生殺与奪権を株主がにぎっているからです。現にアイズナー氏は、株価低迷を理由として、株主総会において会長を解任されました。

しかし、それにしてもアイズナー氏は株主満足に重心を置きすぎたように、わたしには思えます。少なくとも顧客志向、ホスピタリティ志向の強いウォルトとは、対照的な経営者だと言えるでしょう。

これも、ユーロディズニーが「小」成功に留まった理由のひとつなのかもしれません。

第二部

金と権力が支配する、ユニバーサル・スタジオの世界

ユニバーサル・スタジオ・ジャパンは
どのように苦境を脱したか

一　生き馬の目を抜く「映画の都」ハリウッド

1．ハリウッドとはどんなところか

■「ユニバーサル・スタジオ」はどんな会社？

「ユニバーサル・スタジオ」は映画の都、ハリウッドで生まれ育った企業です。日本において「ユニバーサル・スタジオ」と言えば、多くの人が大阪にあるテーマパークを連想するでしょう。しかし米国では、映画会社としてのほうが有名です。

一方、第一部で取り上げたディズニー社も、同じハリウッドで勝負してきた映画会社です。こちらも、日本ではテーマパークのほうが有名ですが、本国では映画会社なのです。

しかし、ディズニー社に比べ、ユニバーサル・スタジオに、わたしたちはあまり馴染みがありません。

どんな生い立ちをもつ企業なのでしょうか？

創立者は誰？

どんな哲学をもって、映画やテーマパークが作られたの？

それに答えることのできる人はほとんどいないでしょう。

実は、ユニバーサル・スタジオがどんな会社なのか、現在は誰が所有しているのかといった重要事項は、長年、謎のベールに包まれていたのです。

ディズニー社なら、ウォルトの名前をすぐにあげることができるのに――。

これは不思議です。

その理由は、ユニバーサル・スタジオを経営する企業（「ユニバーサル・スタジオ・ジャパン」ではありません）は、買収に次ぐ買収に遭い、かつその買収劇に参加した企業の多くが、複数の事業を経営する、いわゆるコングロマリット（巨大多角化企業）であったため、情報が極端に少なかったのです。

いずれにしろ、ユニバーサル・スタジオというのは、複雑でわかりにくい企業なのです。

しかし、この事実そのものが、後述する「ユニバーサル・スタジオ・ジャパン」を特徴づける大きな要素でもあります。

■エジソンの目から逃れろ！

話を一〇〇年前の米国に戻しましょう。

「ユニバーサル・スタジオ」を産んだ「映画の都ハリウッド」はどのようにして成立したか、ここが「ユニバーサル・スタジオ・ジャパン」物語のはじまりです。

——一九世紀末、映画というメディアが産声をあげて間もない頃、米国において「映画の都」といえば、ニューヨークやシカゴなど東海岸に位置する町でした。

しかし、映画製作会社はその地を捨て、西へ西へと向かいます。

というのは、当時、映画の製作、上映に関する多くの特許を「発明王」エジソンがにぎっており、利益を独占する目的で、機材からフィルムに至るおよそ映画製作に必要なものを独占するトラストを作り、独立系の業者を排除しようとしたのです（このトラストは一九一九年に独占禁止法違反で解体されます）。

ウェスタン劇ではありませんが、当時の広大な北米大陸西海岸は、こうした権力の目を避けるのに好都合でした。

また北米大陸の気候にも関係があります。当時は照明などのスタジオ設備が十分でなく、撮影は屋外セットで多く行われました。そうなると天気が製作スケジュールを左右します。北米大陸の東海岸はくもりや雨の日が多い。一方西海岸は晴れの日が多く、天候も安定しています。さらにはスタジオ等を建てるのに十分すぎるほど広大な土地、そして東海岸より圧倒的に低価な人件費。勃興間もない映画産業のパイオニアたちには絶好の土地でした。

さらに、もうひとつの原因は、米国自体の特徴に起因します。

つまり米国は移民の国だということです。最初に米国へ定着したアングロサクソン系（主にイギリス人）の移民は、一九世紀末から二〇世紀にかけて本格的に移住してきたイタリア系やユダヤ系の移民に対し差別的でした。

映画の世界には現在でもユダヤ系の人たちが多く活躍していますが、それは映画自体が遅れてやってきた産業であり、その中心となった人たちもやはり遅れて海を渡ってきた人たちが中心だったことと関連しているのです。

2.「ハリウッド」とは「スタジオ・システム」の集合体のこと

■「スタジオ」とは撮影スタジオだけを意味しない

このようにして成立した「ハリウッド」ですが、まだその実像の半分しか、説明したことになりません。

二〇世紀に入り、映画産業は「娯楽の王様」と呼ばれ、各地に大小映画館が続々と誕生します。第一次世界大戦でヨーロッパの映画産業が大打撃を受けると、ハリウッドは世界最大の映画製造都市として、増大する一方の需要に応えなければなりませんでした。

そのために必要だったのは、映画をつくるシステムでした。

職人のような監督が、シナリオから配役、照明、セット、撮影、編集までこだわりにこだわって一本を完成させるのは、とても間に合いません。

そこで「スタジオ」という、まるで工場で自動車を組み立てるように映画を製作するシステムを作り上げ、そのスタジオにプロデューサーから俳優までが所属するという形になったのです。さらにその中でも有力なスタジオは、全米各地に林立していた映画館を系列化し、配給網を確立します。

あたかも自動車会社が、本社で新しい自動車のコンセプトや設計をし、本社工場の周辺に下請工場を集め、そこで作られた部品を組み立てて完成品を作り、その完成品を、正規販売店を通じて販売するシステムを作ったのと同じことが、二〇世紀初頭の映画業界でも行われていたのです。

ここに誕生したのが「ビッグ5」と呼ばれる大手映画スタジオ五社（後述）です。

この五社は、有名俳優や監督と独占契約を結び、巨大なスタジオをもち、そこでA級、B級作品を大量生産し、「ブロック・ブロッキング」（映画館を系列化し、数十本単位で上映権利を買い取らせる方法）によって市場の寡占状態を維持し、利益を生み出しました。

これが「スタジオ・システム」です。

ハリウッドとは、この「スタジオ・システム」の集合体を指します。

この方法は莫大な利益を生む反面、多くの資金が必要となります。

そのため、資本家や投資家の動向が映画作りに反映されることになりました。

■スタジオ・システムの衰退とテーマパークの誕生

このシステムは、一九四八年の「パラマウント判決」(United States v. Paramount Pictures, Inc., 334 US 131) によって、独占禁止法違反と判断されます。

これによって、「スタジオ・システム」は解体されました。

また、第二次世界大戦後の急激な映画需要の低下と、テレビ・メディアの発展による相対的な地位の低下によって、配給先の映画館だけでなく、本来の意味での「スタジオ経営」も危うくなり、テレビ業界へのスタジオ貸与、スタジオ自体の売却、あるいは業態の変更によって、困難な時期を乗り越えようとこころみます。

そのこころみのひとつが「ユニバーサル・スタジオ」というテーマパークでした。

3.「ユニバーサル映画」のめまいがしそうな一〇〇年

■野心家、レムリ氏

さて、ここから本格的に「ユニバーサル・スタジオ」の歴史を追いましょう。

「ユニバーサル・スタジオ」の実質的創立者は、ドイツ出身のユダヤ人であるカール・レムリ氏です。彼は、前述の「遅れてやってきた移民」の一人でした。

一八六七年にヴュルテンベルク王国（現ドイツ・ヴュルテンベルク州）に生まれ、一八八四年、一七歳で米国に渡ります。シカゴで衣料品を扱う商売をはじめますが、ニッケルオデオン（規模の小さな映画館）の盛況ぶりを見て、映画の興行師に転向。その後、芝居小屋などに上映用の映画プリントを配給する「エクスチェンジ業者」として財を成した後、映画製作に乗り出し、「ユニバーサル映画」を設立。カリフォルニア州ロサンゼルスの北に「総合映画スタジオ都市」（ユニバーサル・シティ）を建設します。

このユニバーサル・シティには、すでに映画製作現場を見学するツアーが準備されていたということです。しかしそれが「ユニバーサル・スタジオ」のルーツだったわけではありません。

レムリ氏の関心はまだ映画に留まっていました。彼は、それまでギャランティの高騰を防ぐために映画会社各社が公表していなかった俳優たちの名前を初めてクレジットに掲載。後のハリウッド「スターシステム」の始祖となりました。

■タルバーグ氏が起こした映画生産革命

このユニバーサル・シティで製作担当重役として活躍したのが、当時二一歳だったアーヴィング・タルバーグ氏です。タルバーグ氏は、映画製作に「単位生産管理計画」（前述した映画作りを自動車工場のようにした発想のひとつです）という手法を導入します。これによって、生産効率を劇的に高め、ユニバーサル映画に多大な利益をもたらしました。

しかし彼は、その手腕を買われてＭＧＭ（メトロ・ゴールドウィン・メイヤー社）へ転職。ユニバーサル映画は貴重な人材を失います。

■ビッグ5とリトル3

その煽りを受けて、ユニバーサル映画は低迷し、ハリウッド映画会社「ビッグ5」（MGM、パラマウント映画、二〇世紀フォックス、ワーナー・ブラザース、RKO（ディズニー映画の配給元））の後塵を拝し、「リトル3」（コロンビア、ユナイテッド・アーティスツ（チャップリンら俳優によって一九一九年に設立されました）、ユニバーサル映画）、つまり二流映画会社に分類されてしまいます。

一九二七年には、第一部で紹介したように、ディズニー社製作による「オズワルド」シリーズが大当たりしたため、その権利を奪い、スタッフをハンティングしますが、結果としてディズニー社が「ミッキーマウス」を生み出すきっかけを作ってしまいます。

その後『西部戦線異状なし』などの秀作を世に送り、『フランケンシュタイン』などのモンスター映画で一世を風靡しますが、過剰な設備投資などから経営が傾き、一九五二年にはデッカ・レコードに買収されます。

ここまでも十分に波乱万丈な社史です。ここから、ユニバーサル映画はさらなる大波に洗われます。

■ピンチをチャンスに変えた、タレント事務所MCAとワッサーマン氏

――ここで話は一九四八年にさかのぼります。

前述のように、当時のハリウッドは「ビッグ5」と「リトル3」が牛耳っていました。とくに「ビッグ5」は、映画製作から配給、映画館経営まで上流から下流までを支配していました。この閉鎖的な体制に待ったをかけたのが、他ならぬ米国政府です。連邦最高裁判所で独占禁止法違反の判決（前述の「パラマウント判決」）が下ると、映画界は旧弊を排し、新しい試みをするようになります。

ＭＣＡ（「ミュージック・コーポレーション・オブ・アメリカ」社の略称）というシカゴのタレント事務所で、俳優の代理人を務めていたルー・ワッサーマン氏は、この判決を機に、映画製作会社と所属俳優との契約を見直します。

すなわち、スター俳優でも高い出演料をとらない代わりに複数の出演契約と興行収入に連動した出来高払いとしたのです。

この契約を初めて採用した俳優ジェームズ・スチュワートが、『ウィンチェスター銃'73』という映画で巨額の取り分を得たことから、ハリウッドではこの後、この契約方式が主流となり、ＭＣＡとワッサーマン氏は、ハリウッド内で勢力を伸ばしました。

■テレビ番組製作とスタジオ見学ツアー

その後、MCAはパラマウント映画の古いコンテンツの権利を獲得して映画製作に進出。次の一手として、ユニバーサル映画のスタジオを買収し「レビュー・スタジオ」と改名。さらに一九六二年、デッカ・レコードを買収して、ユニバーサル映画の全事業を手中にしたのです。

一九六四年にMCAはグループ内を再編します。タレント事務所部門を閉鎖して、俳優たちを新しい「ユニバーサル映画」と契約させます。そこで映画製作担当の「ユニバーサル・シティ・スタジオ社」、テレビ番組製作を請け負う「ユニバーサル・テレビジョン」を発足させました。

新しいユニバーサル映画は、最新のスタジオ設備と豪華な俳優陣を擁する一大映画会社となり、一九六四年には「ユニバーサル・スタジオ」というテーマパークの前身ともいうべき、スタジオ見学ツアーを担う子会社を設立します。

しかし、テレビの普及による映画産業の衰退は著しく、一九六八年には映画部門は縮小されます。撮影スタジオは、全盛期を迎えつつあった三大テレビネットワーク（NBC、CBS、ABC）の番組製作に主に使われました。

ここで製作されたテレビ映画には『刑事コロンボ』等大ヒット作品が目白押しでした。それが刺激となったのか、一九七〇年代に入るとユニバーサル映画は、『スティング』『ジョーズ』『ET』、そして八〇年代には『バック・トゥー・ザ・フューチャー』等の大ヒット作品を連発し、ハリウッドで存在感を発揮しました。

■メディア業界の大激変をM&Aで乗りきる

ちょうどその頃、米国メディア業界に新しい波、ケーブルテレビが勃興します。長年、MCAの会長を務めた前述のワッサーマン氏はその流れに対応するため、資金力のあるパートナー企業を探します。そして一九九〇年、ソフト産業へと事業の拡大を模索していた日本企業、松下電器産業（現パナソニック）に買収され、MCAは『ユニバーサル・スタジオ・インク』と改称しました。

ところがわずか五年後の一九九五年、松下電器産業はユニバーサル・スタジオ・インクについての自社の持ち株八〇％をカナダのシーグラム社に売却します。ハリウッドの映画産業と日本のメーカーでは、企業文化が埋められないほど広く、相乗効果を得られなかったのです。

■シーグラム社、ビベンディ社、NBC、コムキャスト社

シーグラム社は一八五七年にカナダ・オンタリオ州で誕生しました。

その後、一九二八年に、サミュエル・ブロンフマン氏が設立したディスティラーズ社が買収し、シーグラム社の社名を使います。

ブロンフマン氏は、一九一七年に米国で成立した禁酒法の目をかいくぐり、ギャングやマフィアに酒類をヤミ販売することで巨万の富を築いた人物です。一説によると、有名なアル・カポネもブロンフマン家の売人にすぎなかったと言われるほどの大物でした。

ところがその息子であるエドガー・ブロンフマン・ジュニアは、その家業に反発し、音楽家として身を立てます。そして一九八九年にシーグラム社の社長に就任すると、メディア帝国を築くという野望のもと、MCAやポリグラムを買収したのです。

そのシーグラム社によるユニバーサル・スタジオ・インク支配も二〇〇〇年まで。

この年にシーグラム社がもつ株式はフランスのビベンディ社に売却され、松下電器産業も二〇〇六年に残りの二〇%の株式をビベンディ社へ売却。

その過程で、ユニバーサル・スタジオ・インクの事業を継承した「ビベンディ・ユニバーサル・エンターテイメント社」と、GE(ゼネラル・エレクトリック社。エジソンが

創立した米国最大の電気メーカー）傘下のＮＢＣ（米国三大ネットワークのひとつ）が合併し、「ＮＢＣユニバーサル社」が設立されました。

しかし現在、同社の親会社はＧＥではありません。

インターネット通信網とＮＢＣのテレビネットワーク、それにユニバーサル・ピクチャーズとテーマパーク（ユニバーサル・スタジオ）を主要事業とする巨大メディア企業の「コムキャスト」社が親会社となっています。

これが大まかなユニバーサル・スタジオの歴史です。

4. 人物でハリウッドを理解する

■ハリウッドには「シンデレラ・ストーリー」はない

このようにハリウッドの成り立ち、「ユニバーサル映画」の歴史をひもといてみると、ハリウッドというところは、いかにも金勘定だけで成り立っているように見えます。

しかし現実は少し異なります。

金融や証券などといった世界とはちがい、「会社単位」ではなく、「人単位」で多くの仕事と金がやりとりされているのです。

それを行うには信用を得ることが大切です。

信用を得るには、自分が「できる人間」であることを周囲に示さなければなりません。また信用で成り立つ世界ですから、業界は閉じられています。そこで「できる人間」をアピールするには、まず裸一貫で業界に飛び込んでいく勇気が必要となります。

本書に登場するハリウッドの大物たちは、ほとんどの人がこのやり方で、弱肉強食のハリウッドを生き抜き、のし上がりました。

たとえば、「ハリウッドの帝王」として君臨したMCAのワッサーマン氏は、映画館のチケットのもぎりからキャリアをスタートさせました。「シーグラム社の御曹司」だったブロンフマン氏も、一六歳でハリウッドに飛び込み、映画監督の使いっ走りから上を目指しました。ディズニー社「中興の祖」アイズナー氏も、テレビ局のアシスタントが最初の仕事です。そもそもウォルト・ディズニーが、アニメーションの下請会社経営からスタートし、会社倒産にもめげず、夢をあきらめずに映画製作に取り組んできた人物でした。

俳優たちも例外ではありません。

二〇世紀を代表するハリウッド女優、マリリン・モンローですら、売れない時代にはイベントコンパニオンやヌードモデルのアルバイトをして糊口をしのぎ、チャンスを待ちました。そして二〇世紀フォックス社（現ハリウッドビッグ６の一社）に強いコネを持つタレント・エージェント（芸能事務所と芸能マネージャー）のジョニー・ハイド氏に見初められ、愛人になることで映画出演を勝ち取ったのです。

だから彼女の映画のほとんどは二〇世紀フォックス社です。生まれ持った美貌や演技力だけで映画に出演できたのではありません。彼女は貧乏な母子家庭からスターダムに上りつめたのです。米国はこのような立身出世物語、アメリカンドリームを積極的に評価します。

「うまい話」などありません。

ハリウッドはシンデレラ・ストーリーを語りますが、ハリウッドにシンデレラ・ストーリーはないのです。

世界中の野心家が、「我こそは」と挑戦しますが、現実は下働きで、絶望し、幻滅し、それでも頑張ろうとしますが、生活費や体力、気力が尽きて脱落していくのです。

そんな世界でのし上がった者たちばかりですから、ただ頭がいいとか、美人だとか、おしゃべりがうまいとか、お金持ちだとかいう程度のわけがありません。

■米国大統領をも動かすハリウッドの大物たち

戦いには人間としての総合力が問われます。

たとえば、「クリエイティブ・アーティスト・エージェンシー」(CAA)をハリウッドトップのタレント事務所に育てた「ハリウッド一の男」「ハリウッドの帝王」と言われたマイケル・オーヴィッツ氏は、単なるエージェントではなく、彼なしではハリウッドのビジネスは成り立たないと言われたほどの大物でした。

松下電器産業によるMCA(現ユニバーサル・スタジオ)買収や、シーグラム社への株式譲渡、ソニーによるコロンビア映画買収は、彼の仲介によるものです。オーヴィッツ氏なしではこれらの買収劇はなかったと言われています。

オーヴィッツ氏は一九九三年にはそのマーケティング手腕を見込まれ、ホワイトハウスから「医療保険改革に関するマーケティング」を依頼されています。先頃、大統領選挙に出馬し、惜しくも破れたヒラリー・クリントン氏とも太いパイプをもち、政治の世界にまで影響力を及ぼしていました。

これらの力の源は、彼のもつ人脈にあります。

たとえば、スティーブン・スピルバーグ、ケビン・コスナー、ロバート・デ・ニーロ、トム・ハンクス、デミ・ムーアといった、映画界の顔とも言うべき監督や俳優は、彼なしではけっして動きません。

こうした人たちは、お金の力だけでは動かないのです。

彼以前にハリウッドの帝王として君臨していたのが、何度も登場しているワッサーマン氏でした。彼は映画館のチケットもぎりからはい上がった後、MCAの屋台骨を支え、俳優や監督らの労働組合との労使交渉の矢面に立ち、さらにはワシントンにロビイストを送り込んで、ハリウッドの地位向上に活躍しました。

ワッサーマン氏は大の政治好きとして知られ、ロサンゼルス・タイムズ紙からは「ハリウッドの全権委任大使」と命名されました。リンドン・ジョンソン第三六代米国大統領（一九六三～一九六九年）以来の歴代大統領と密接な関係を保ちました。

中でもロナルド・レーガン第四〇代米国大統領は、ワッサーマン氏が発掘し、俳優として売り出したという経緯もあり、カリフォルニア州での資金集めなどに協力して、大きな信頼を得ていました。

ハリウッドというと、私たちは派手なドレスに身を包み、レッド・カーペットをさっそうと歩くスター俳優や彼らのビバリーヒルズの大豪邸を思い浮かべますが、本当にハリウッドを支配しているのは、オーヴィッツ氏やワッサーマン氏のように、スター俳優たちを自由にあやつり、数十億ドルもの巨大な資金を動かし、世界的な企業トップと直接話をし、世界一の権力者である米国大統領とも密接な関係を築いている人たちなのです。

■バックボーンは「パワーゲーム」

ハリウッドでは、このような人たちがパワーゲームを展開しています。

中小の映画会社は大に飲まれ、あるいは合併を繰り返して生き残りを図る。勝ち組はすべてを飲みこみますが、それでも好況不況の波にさらされ、経営難に直面すると、時代の波に乗って莫大な資金をもっている人たちを誘い込み、ありったけの金を吐き出させます。バブル期の日本企業がまさにその典型でした。今は中東の大富豪や企業だと言われています。しかしけっして権力や主導権は渡しません。

そんな都合の良い取引が可能なのは、彼らがハリウッドという、世界中どこを探しても他に存在しない目もくらむ宝石を手中に収めているからなのです。

——さて、読者のみなさん、ユニバーサル・スタジオの軌跡をちゃんと追うことができたでしょうか？　ディズニー社に比べて、とても複雑な道を歩んでいます。

最初は純粋な映画製作会社だったにもかかわらず、「ユニバーサル・スタジオ」は、ハリウッドで生き残るために、合併と売却を繰り返したのです。

そこに見いだせるのは「力」――「パワー・オブ・ハリウッド」です。

こうしたバックボーンをもつテーマパークが「ユニバーサル・スタジオ・ジャパン」です。

二「ユニバーサル・スタジオ・ジャパン」ができるまで

1.「ユニバーサル・スタジオ」の成り立ち

■若き日のスピルバーグ監督の秘密基地

テーマパークとしての「ユニバーサル・スタジオ」の遠い先祖は、一九一五年にカール・レムリ氏が米カリフォルニアで開業したユニバーサル・シティの見学ツアーです。二五セントの入場料でランチセットが付くこのツアーは好評を博しましたが、その後トーキー映画がはじまり、撮影の際に騒音を管理する必要が生じたために、一九三〇年頃中止されました。

この「スタジオ見学ツアー」は、ＭＣＡがユニバーサル映画を買収したことをきっかけにして本格的に一九六四年に再開されます。新しい見学ツアーは、約一七〇ヘクタールもあるスタジオ内を路面電車（トラム）で回遊しながら、映画の名シーンを再現したショーやスタントを見ることができるのが売り物でした。

スタジオの中には、監督としてもプロデューサーとしても興行収入世界一の記録をもつスティーブン・スピルバーグ氏のオフィスもあります。

スピルバーグ氏は一九六四年、一七歳の時にこの見学ツアーに参加しました。

その時、係員の目を盗んでトイレに隠れ、ツアーをやりすごしてからスタジオ内を探検。知り合いになったスタッフとの交流を通じて人脈を広げます。その後、カリフォルニア州立大学の学生時代には、スタジオの掃除小屋を自分のオフィスとし、ハリウッドへの足がかりにしています。一九七五年にはこのスタジオで『ジョーズ』を撮影し、『ゴッドファーザー』の記録を抜いて歴代一位の興行収入を獲得しました。

この頃の「ユニバーサル・スタジオ」は、一般向けのアミューズメント施設というより、世界の映画ファンの「聖地」という位置づけだったのかもしれません。

■買収防止策の側面が大きかった国際展開戦略

さて、この見学ツアーは大好評を博し、特にスピルバーグ氏が世界的なヒットを連発した一九八〇年代には見学者数が大きく伸びます。

一九八七年には四三〇万人に達しますが、その数字に貢献したのが、円高で海外旅行者数が爆発的に増えた日本人観光客です。この年はそれまでトップの比率だったカナダを抜き一位になりました。

同じ一九八七年のことです。ユニバーサル・スタジオの親会社ＭＣＡでは大きな問題が起きていました。それはＭＣＡで長年、会長を務めた「ハリウッドの帝王」ワッサーマン氏（当時七四歳）が癌の疑いで入院したのです。

ハリウッドの映画会社は不安要素を抱えると株価が下落し、投資家たちの買収ターゲットになります。この時も、ＭＣＡやユニバーサル映画の株価が下がり、買収の噂が世界中に飛び交いました。

混乱を収拾するには、株価を安定させるのが一番です。その効果を狙って、ＭＣＡは、ユニバーサル・スタジオを国際展開するという長期計画を発表しました。

念頭にあったのは、東京ディズニーランドです。

投資家は、ユニバーサル・スタジオが海外進出したならば、あの東京ディズニーランドと同じように大成功するだろうと予想しました。そしてこの発表だけで、ＭＣＡは危機を乗り切ることができました。

■いつかディズニーランドを追い越す。ところが……

しかし海外進出は、単なる「ブラフ」だったわけではありません。

ユニバーサル・スタジオ内には、前述の右肩上がりの実績を踏まえて、「いつかディズニーランドに追いつけ、追い越せ」という機運が高まっていました。

まずは国内テーマパーク市場を固めるために、米国フロリダ州のディズニー・ワールド近くに用地を確保し、新しいリゾートの建設に着手します。

ディズニー・ワールドとの相乗効果を狙った計画です。

この「ユニバーサル・オーランド・リゾート」は「ユニバーサル・スタジオ・フロリダ」と「アイランズ・オブ・アドベンチャー」という二つのテーマパークを核とし、ウォーターパーク、ホテル、商業施設をもつ巨大施設で、一九九〇年に開業しました。

次は海外展開です。まずは一九九二年のオリンピック開催に合わせて、スペイン・バルセロナを第一候補としました。しかしその後、候補地は一転し、ロンドンとパリが有力視されます。

ちょうどパリは「ユーロディズニー」の建設が決定していました。ユニバーサル・スタジオ内からは、「ユニバーサル・オーランド・リゾート」と同じ手法をパリでも使おうという声があがりました。フランス政府も経済効果を期待し、用地確保や周辺開発、インフラ整備に格別の配慮をすると約束します。

一方、イギリスからも熱烈なアプローチを受けました。英仏間の伝統的な対抗心もありました。イギリスとフランスは昔からライバル意識が強いのです。しかし、それより大きかったのが、新たに二万人の雇用を創出でき、一〇年間で六五〇〇億円の経済効果が見込めるという試算でした。世界中が、巨大テーマパークを誘致すれば、まちがいなく大きな成功を手にすることができると皮算用していたのです。これも東京ディズニーランド成功の影響でした。

ところが、ここでヨーロッパ進出の計画は白紙となります。

一九九〇年にMCAを松下電器産業（当時）が買収したからです。

2.「ユニバーサル・スタジオ・ジャパン」の誕生

もちろん、買収先が日本企業だから日本に決まったという単純な構図ではありません。東京ディズニーランドを成功させた国であること、先述したように「ユニバーサル・スタジオ・ツアー」が多くの日本人観光客に支持されていたこと、そもそもハリウッド映画のファンが日本に多く存在したことなどを考慮して、日本進出を決定したようです。

■「リゾート」「テーマパーク」の時代

さて、日本国内はどう動いていたでしょうか？

一九八〇年代後半、日本国内の企業や地方公共団体は、投資や地域活性化プランの落とし所として、「テーマパーク」事業に白羽の矢を立てました。

企業が投資先を探すほど資金をためこんでいたのは、バブル経済の恩恵です。また地方公共団体がテーマパークに積極的だったのは、一九八七（昭和六二）年に制定された「総合保養地域整備法」（通称リゾート法）の影響です。これらは間接的に、政府が一九八五（昭和六〇）年の「プラザ合意」によって、米国から、日本全体の産業構造を貿易依存から内需型へ変更するように迫られていたことが影響しています。

リゾート法は、「良好な自然条件を有する土地を含む相当規模の地域である等の要件を備えた地域について、国民が余暇等を利用して滞在しつつ行うスポーツ、レクリエーション、教養文化活動、休養、集会等の多様な活動に資するための総合的な機能の整備を民間事業者の能力の活用に重点を置きつつ促進する措置を講ずることにより、ゆとりのある国民生活のための利便の増進並びに当該地域及びその周辺の地域の振興を図り、もつて国民の福祉の向上並びに国土及び国民経済の均衡ある発展に寄与することを目的」（リゾート法第一条）とし、参加プロジェクトは、許認可の弾力的な運用や税制上の優遇、政府系金融機関からの融資などを受けることができました。

業種・業態に関係なく、企業も自治体もゴルフ場、スキー場、温泉、リゾート、テーマパークなどを計画し、開発事業を進めていたのが、この時代でした。

■名乗りを上げた大阪市

このような状況下で、ユニバーサル・スタジオの親会社MCAは、新日本製鐵（新日鉄）やソニーといった大企業と交渉し、会社自体の身売り（買収）話をからめながら、ユニバーサル・スタジオの日本進出のベストパートナーを探りました。

新日鉄とは共同で市場調査を行うまでに至りましたが、「米国での映画の人気は日本とは比べ物にならないくらい高く、商業ベースに載せることができるが、日本では採算がとれない」「製鉄所の跡地（テーマパーク建設予定地として大阪府堺市の新日鉄堺の工場跡が考えられていました）は、レジャー施設より有利に運用できる方法が他にある」等の結論に達し、計画を放棄しました。

多くの団体がプランから離脱する中、大阪市は誘致に積極的でした。

一九九三（平成五）年には、大阪市議会で西尾正也市長（当時）が、「相手のあることでもあるが、此花区の臨海地域（ベイエリア）に誘致を考えている。地権者との調整を図りながら、誘致条件などについて詰めていきたい」と発言。集客力の高いユニバーサル・スタジオを大阪の新しい観光の核とし、周辺地域を映像・情報産業の拠点として整備したいとする旨の答弁をしました。

その結果、翌一九九四（平成六）年一月には、一九九九（平成一一）年、大阪市内にユニバーサル・スタジオを開業することが正式に決定しました。

■急速に冷める「テーマパーク」熱

ところがすでに日本国内は少し前までのリゾート熱など霧散霧消していました。大阪市誘致への道案内役だった松下電器産業も、すでに及び腰でした。

ある役員などは正式決定の夜に、「親会社として応分に負担するつもりだが、あくまで大阪市が主体になる。松下が事業責任を負う考えはない」とつぶやいたと言います。

それもそのはず。家電業界は、バブル経済崩壊のあおりを受けて、戦後最大の不況に見舞われており、映画やテーマパークといった本業以外に手を出す余裕などなかったのです。また、そもそも松下電器産業がMCAを買収した最大のメリットは、彼らのもつソフトパワーであり、テーマパークではなかったのです。

翌一九九五（平成七）年、松下電器産業はMCAの株をシーグラム社に売却しました。

■楽観的すぎた大阪市

一方、大阪市はあくまで強気かつ楽観的でした。

誘致活動の中心人物であった大阪市助役（当時）の佐々木伸氏は、誘致決定直後の一九九五年二月に日本経済新聞大阪夕刊版のインタビューでこう発言しています。


――一六〇〇億円という事業費に対する懸念について

「借入金を含めての額ですからそう大変ではない。たとえば三〇％にあたる五〇〇億円を資本金として集めれば、残り一一〇〇億円の調達（借入等）は左うちわで達成できる。資本金が二〇％、三〇〇億円でも楽に達成できると思う。第三セクターだから株式を買ってもらえるので、懸念していない。いつまでも景気が悪いとは思っていない。土産屋やレストランを増やせば、収支の好転も早いと思っている。五年で単年度黒字が実現できるように計画している」

――期待されていた松下（電器産業）が乗り気でないという噂と事業の中心を担う企業について

「説得する自信はある。今は各企業がお互いの顔色を見ている状態。必ず儲かる仕事だし、社会的な貢献度も大きい。現に各方面の一〇以上の企業などから一緒にやりたいという声が集まった。もちろん大阪市も入る。ただ大阪市がトップになって資本金の半分を出すということにはならない。あくまでワン・オブ・ゼム」

――収支見込みがはっきりしないまま開始して税金を無駄にすることはないかとの質問に対して

「税金は全く使わないので市民に迷惑をかけることはない。市場や下水道、病院と同じ準

公営事業として進めるので稼いだお金の中でやりくりする」

佐々木氏は港湾事業のエキスパートで、一九九〇（平成二）年に大阪・天保山に開館した世界最大級の水族館「海遊館」の生みの親でした。

大阪市きってのアイディアマンと評判で、MCA社の窓口となったスタネック氏とはこの「海遊館」をともに建設した仲間でもありました。しかし、当時の発言を追う限りでは、経済に対する楽観的すぎる見通しや、責任の所在を自ら曖昧にしていることなど、気になる点が多くありました。

しかし、それはあと知恵にすぎません。バブル経済の余韻が残る当時は「いつまでも景気が悪いとは思っていない」人がほとんどだったのです。経済学の理論によれば、好況の次に不況、不況の次に好況が来ると予測するのは当然です。その後二〇年も、日本経済が停滞するなどとは、誰も予想できなかったのです。

そして「テーマパークはもうかる」は、東京ディズニーランドから世界中に発信されていたのです。

大阪市だけが冷静な目をもつことなど不可能でした。

■責任者＝リーダー不在の出発

東京ディズニーランドの場合、責任はつねにオリエンタルランドにありました。その責任を全うするための方法を、三井不動産の江戸氏やオリエンタルランドの高橋社長などは考えていたふしがあります。責任を負うとはつまり、「リーダーは誰か」をはっきりさせることだからです。

しかしこのプロジェクトでは、みんな「ワン・オブ・ゼム」（大勢の一人）として参加したいと考えていました。

ここに大きな差が生まれた可能性は否定できないでしょう。

リーダー不在は、創業間もないユニバーサル・スタジオ・ジャパンを長く苦しめることになります。

――しかし、何はともあれ、一九九四年一二月には、大阪市、大阪ガス、住友商事などの約二〇団体によって、「ユニバーサル・スタジオ・ジャパンを建設する目的の」企画会社、「大阪ユニバーサル企画」が設立されました。

そして、一九九六年二月には、ＭＣＡと大阪市の間で、「ユニバーサル・スタジオ・ジャパン」（以下、ＵＳＪ）建設の基本契約が交わされます。

この基本契約をもとにして、翌三月に臨時株主総会を開き、大阪ユニバーサル企画を増資して、ＵＳＪの事業会社である「株式会社ユー・エス・ジェイ」（以下、ＵＳＪ社）を設立しました。

3.「第三セクター方式」とは？

本社を大阪市に置き、資本金は四〇億円。出資比率は大阪市が二五％、主要地権者である住友金属が一〇％、ＭＣＡの子会社、住友商事、日立造船がそれぞれ五％。その他金融機関や関西の有力企業など計三七社が株主となりました。

つまり、「第三セクター方式」です。

ＵＳＪ社は、米国のユニバーサルグループとは独立した企業ですが、テーマパークに精通した人材を確保するために、二人の役員を迎え入れました。また、出資に参加することが決定したイギリスのランク・オーガニゼーション社（「ハードロックカフェ」も展開していたイギリスの映画エンターテイメント会社）からも、二人の役員を招きました。

このように体制が固まり、二〇〇一（平成一三）年四月の開業を目指して、一九九八

（平成一〇）年に建設工事がはじまりました。

■第三セクターは半官半民の組織

ここで、USJ社がとった「第三セクター方式」について、おさらいをしましょう。

そもそも「セクター」（sector）は「部門」「部署」という意味です。

「第〇セクター」という表記は、ある事業を行う主体が、いったいどういう性質の団体かということを表しています。

「第一セクター」は、事業を行う主体が国や地方公共団体という意味です。

「第二セクター」は、事業を行う主体が私企業、つまり会社です。

「第三セクター」は、「第一セクター」である国や地方公共団体と、「第二セクター」である私企業が共同出資をして設立した、事業団体です。

■有効性が疑問視されている制度

国や地方公共団体（第一セクター）に重い負担としてのしかかっていた公共交通機関等の赤字を減らし、なおかつ、私企業（第二セクター）のノウハウを導入することで、仕事の効率化や人件費の削減、サービスの向上などのメリットが期待できるということで、一九八〇（昭和五五）年以降、多くの第三セクター方式の事業体が誕生しました。

ところが、事業内容を精査することなく、第一セクターの不採算部門をとりあえず第三セクター方式に丸投げしてしまうようなケースにより、破綻する第三セクターが続出。破綻処理を「第一セクター」の国や地方公共団体が引き継ぐことも多く、現在では制度自体の有効性が疑問視されています。

現在、多くの第三セクターは低予算での運営を余儀なくされ、削れるところは人件費だけという事態に陥り、従業員は低賃金、重労働というところが多いと言われています。

4. USJ社の人びとと思わぬ低迷

■ 歴代のトップは大阪市から

USJ社は、会社のトップを、「第三セクター」の筆頭株主であり、誘致活動でも中心となった大阪市から招きました。

初代社長は森田啓介氏です。京都大学大学院を修了後に、土木の専門家として大阪市に入庁。交通局時代に、難波宮遺跡を損なわずに地下鉄の大口径シールドを通す工事を成功させます。都市計画課長を経て、大阪ウォーターフロント開発常務、USJ此花開発協議会会長を経て、一九九六（平成八）年にUSJ社の社長に就任します。USJ社長に抜擢されたのは、大阪ウォーターフロントの水族館「海遊館」の成功によるものです。

第二代社長は土崎敏夫氏です。京都大学農学部から大阪市に入庁し、総務局、計画局、市長室を経て、一九九七（平成九）年にUSJ社社長に就任しました。しかし二年後の一九九九（平成一一）年には、大阪市の助役となったため、社長を退任しました。

第三代社長は阪田晃氏です。京都大学工学部から大阪市に入庁。港湾畑を歩み、港湾局長を経て、一九九九（平成一一）年に市を退職し、USJ社社長に就任しました。

第四代は先にも登場した佐々木伸氏です。京都大学大学院修了後に大阪市入庁。港湾局長、助役を歴任。助役時代にUSJ誘致を担当し、一九九七（平成九）年にまず会長に就任。その後二〇〇二（平成一四）年に社長となりました。

会長から社長に就任？

この奇妙な人事はなぜ行われたのでしょうか？

■連続する不祥事

原因はＵＳＪの不振にありました。

ＵＳＪが開業した二〇〇一（平成一三）年こそ、物珍しさもあり入場者数は一一〇〇万人を超えました。しかし二年目は七〇〇万人台へ急降下します。原因のひとつはアトラクションやショーの魅力不足でした。数も質も、現在とは大きくちがっていたのです。

しかし、それよりはるかに大きな原因がありました。それは不祥事です。

二〇〇二（平成一四）年夏の行楽シーズン直前、ＵＳＪは不祥事を相次いで起こしました。ひとつは園内の直営飲食店で、賞味期限切れの食品を使用していたことが発覚した事件です。しかも事故ではなく、担当者が故意に、賞味期限を書き換えていたのでした。もうひとつは、工事中の手違いで園内の水飲み器のひとつに上水ではなく工業用水が配管されていたことです。施工時と完工時の検査ミスが重なって起きた人災でした。さらに園内三二か所の水飲み器を調べてみると、六か所から基準を上回る一般細菌が検出されます。

そのうえ、「ハリウッド・マジック」というアトラクションで、当局の許可を大幅に上回る量の火薬を使用していたことが発覚。安全管理体制を糾弾されました。

■誰が責任者？

これらの原因はすべて、ＵＳＪの成り立ちにありました。

読者のみなさんは、第一部で展開した東京ディズニーランドの生い立ちと、二〇〇二年までのＵＳＪを比較してみてください。

明確に違う点が二つあることにお気づきでしょうか。

まず一点目は、何度も述べているように、東京ディズニーランドでは責任の所在が明確だったということです。

実は土地開発という点では両者は似ている側面が多くあります。どちらのケースも自治体が進める湾岸地域開発プロジェクトの一環であり、用地買収や造成、資本の拠出などに自治体が大きく関わっているからです。

しかし、東京ディズニーランドでは、川崎千春氏をはじめとする歴代社長や、設立に深く関わった三井不動産の江戸英雄氏が、経営者としての責任を全うするために知恵を絞りました。さらに後継の経営陣は、ディズニー社とも対等に交渉するべく、プロパーの人材育成に努めていたということです。

それに比べ、ＵＳＪ社は大阪市の幹部が初代から第四代まで社長を務めました。

大阪市は普通の「地方自治体」「市役所」とちがい、「西のミニ霞が関」とでも表現できるほど力が強く、大阪府以上の財力と発言力があります。

その幹部が歴代の社長を務めていたのですから、官僚が組織を牛耳っているようなものです。大きなプロジェクトを立ち上げるには、彼らの力も必要です。でもエンターテイメント事業を運営するのには向かないでしょう。

四〇社以上が出資し、そこからの出向社員が多かった事業体をまとめ、事業を発展させるためには、責任者を明確にする必要がありました。

■悪戦苦闘する「生みの親の一人」佐々木氏

佐々木氏はこのような状況下で、USJの社長に就任しました。

二〇〇三（平成一五）年は「セサミストリート」や「スパイダーマン」といった有力コンテンツのアトラクションを、総額二〇〇億円をかけて設置し、格安チケットを配布したことで、なんとか前年比約二九％増の九八八万人の入場者数を確保しました。

しかし、当初の事業計画では、二年ごとに五〇億円の投資規模を予定していたため、新しいコンテンツを連発して集客を続ける資金などありません。

東京ディズニーリゾートの投資予算は年間一〇〇～二〇〇億円（当時。今は年間五〇〇億円くらいです）にものぼるため、順調にいったとしても、規模で対抗することはできません。

さらに米国のユニバーサル・スタジオ・ハリウッドは、映画撮影とのタイアップや映画セットの活用といったソフトパワーで成功を収めていました。ＵＳＪもそちらへ方針転換したいと考えていましたが、それには人材が必要です。

■改革者あらわる

乗り物を集めた「遊園地」から、本当の「テーマパーク」へ。

「ハードパワー」から「ソフトパワー」へ。

誘致活動に辣腕を奮い、窮地に立たされたＵＳＪを救うために、経営の最前線へ再度登場した佐々木氏でも、これらの課題をクリアし、ＵＳＪに真の体力と魅力を付けさせることはむずかしいだろうと思われました。

そこで、一人の米国人に白羽の矢が立ちました。グレン・ガンペル氏です。

三 「ガンペル改革」の全貌

1. 「青年期」のはじまり

■誘致時は米ユニバーサル社の責任者

二〇〇四（平成一六）年、USJ社の第五代社長に就任したグレン・ガンペル氏は、一九四七年生まれ。一九七〇年に、米国三大ネットワークのひとつであるABCテレビに勤務。ここでエンターテイメントという仕事に触れます。

その後、MCA（現ユニバーサル・スタジオ）のワッサーマン会長（当時）から誘いを受け、同社に入社しました。

その時に配属されたのがテーマパーク事業部で、その後、米ユニバーサル社の最高経営幹部の一員としてテーマパーク事業全般にたずさわり、USJの誘致計画の際には、米国の責任者を務めました。

直接、USJ社の運営に関わるようになったのは開業前の一九九九（平成一一）年。社外取締役としてです。けっしてお飾りの役員ではなく、融資獲得をめぐって銀行団と激しくやりとりするなど実務の第一線でも活躍しました。開業初日に何時間も前からオープンを待ちわびる人びとが集まっているシーンを見た時の感動は忘れられないと、後に述べています。

そして五年後、経営立て直しの切り札として、社長の座を託されたのです。

■目標は収益の確保

この時、USJ社は、二〇〇四年三月期決算は最終損益が五二億円の赤字、累積損失は二六五億円という状態でした。

前任者らが奮闘した結果、仕入れコストの削減や新規アトラクションの前倒し建設、格安チケットの販売開始などの効果で赤字幅は減少し、入場者数は微増していましたが、顧客単価の低迷で入場料収入が落ち込み、売上高は六％も落ちていました。

そのうえ、大阪市は支援の打ち切りを通告してきました。

営業成績も財務指標も、暗い先行きを示すものばかりです。

ガンペル氏は社長就任会見で、これらの現状を踏まえ次のようにコメントしました。

「（ＵＳＪは）筆頭株主である大阪市などの支援を受けながら育つ『幼児期』を終え、独り立ちする『青年期』に入った」

「課題はたくさんあるが、企業としてきちんと収益を確保できるようにすることが重要」

（『日経産業新聞』二〇〇四年六月二五日）

これらを実現するために、「巨額の設備投資をしなくても集客できるソフト面での施策の強化」と「二年後の株式公開」を目指すことが述べられました。

2.「クロス・ファンクショナル・チーム」による改革

■社内の知見を最大限に活用せよ

その施策とは、「クロス・ファンクショナル・チーム」（ＣＦＴ）の結成です。

全社をあげて取り組むべき課題について、部署を横断してさまざまな技術と知見をもつ人材を集め、課題を検討し、経営陣に解決策を提案するチームのことです。

一九九九（平成一一）年に、当時二兆円の有利子負債を抱えていた日産自動車がルノーと資本提携した際、ルノーから派遣され、わずか数年で日産自動車を立て直したカルロス・ゴーン氏が、硬直化した社内を刷新し、改革を社員自らの手で実践させるための手法として、このCFTを用いたことで一躍脚光を浴びました。

実はこの方法は、日本の製造業の高い品質や生産性を研究した欧米グループが、部署にとらわれず、現場の話し合いで問題を解決していく手法にその本質があることに気づき、体系化したものです。

つまり、日本人の性格、慣習等に馴染みやすい方法だったというわけです。

■若手社員たちが考え出した一〇〇超の提案

ガンペル氏は、「接客」「飲食」「物販」「コスト削減」「組織改編」などといった九つのテーマごとに、さまざまな部署から若手社員を集めてCFTを結成し、USJ社が改めなければならないことの洗い出しを命じました。

経営陣に提出された提案は一〇〇以上にのぼりました。

いくつかご紹介しましょう。

・USJ全体のターゲットを「若者」から「家族」にシフトする（客単価の改善）
・アトラクションのメンテナンス作業を夜間から昼間の営業時間中に変更
・来場者の動向に応じて、園内飲食店の運営体制を変更する。それまでは真冬でもアイスクリーム店が開いているなど、おかしな運営がなされていた

提案されたのは、パークの運営だけではありません。
一般業務、人事、財務等についても、改革の手が伸びていきます。

・各部門の部長が業務改善に適切に取り組んでいるか、若手社員を中心とするチームが監視する制度を導入する
・正社員の一割を目処に希望退職を募り人件費を圧縮する
・賃金を一律カットし、代わりに成果反映部分を厚くするよう賃金体系を見直す
・米ユニバーサル社へ支払うロイヤリティ率の見直し交渉を行う

・金融機関からの借入金返済条件の見直し交渉を行う

これらの提案を受けたガンペル氏は、以下のように発言しています。

「CFTからの業務提案は一〇〇を超えた。出てきたものはどれも非常に有用なアイディアだった。経営陣が精査した結果、ほとんど全ての提案を採択した。賃金制度の見直しなど導入に時間のかかるものについては現在準備中だが、できることから順次実施している」

「(CFTという手法を選んだ理由は)社員の間に率直なコミュニケーションができる雰囲気を作ることを目指した。以前の風通しの悪い部分はかなり是正されたと思う。社員の多くが所属部署以外の社内人脈を作れるようになった。少なくとも自社の経営の方向性がわからないという社員はいなくなったはずだ」

「今後ショーやパレードなどのイベントを重視したパーク運営に取り組んでいく。レストランのメニューやショップの品揃えなどもイベントに連動する形になるが、今後はイベントのプロジェクトマネジャーが飲食や物販などの各部門を統率し、機動的に動ける組織に移行する。社員間のコミュニケーションの扉をもっと大きく開いていきたい」

「直面する課題はこれまでと変わらない。早期の黒字転換という業績面の課題は大きいし、接客の質の向上やイベント戦略にも意を払わねばならない。大切なのは当社が変化していることを金融機関や株主など当社を支援してくれるステークホルダー（利害関係者）に明確に示すこと」

（『日経産業新聞』二〇〇五年二月八日）

■進んでいく業務改革

二〇〇五（平成一七）年に入ると、ガンペル改革は本格化し、業務改善はさらに進んでいきます。

たとえば、ターゲットを「若者」から「ファミリー層」にシフトした結果、映画以外の新たなキャラクター導入が求められました。そこで、日本発信の二世代キャラクターであり、認知度が世界的に高く、かつファミリー層に人気のあるサンリオのキャラクター「ハローキティ」の導入を決定しました。

使用権は推定で年間一〇億円弱ですが、ハローキティ効果は大きく、家族客の比率は導入以前に比べて一五％（三五％→五〇％）も上昇しました。

ユニバーサル映画とは関係のない世界観やキャラクターを導入する手法は、この後ＵＳ

Ｊの特徴のひとつとなりました。テーマパーク事業は、優良コンテンツを必要とします。一方、優良コンテンツをもつ企業は世界観に合った露出機会を求めます。テーマパークはその機会に適していますが、初期費用が莫大で簡単に手が出せるものではありません。

ＵＳＪのこの試みは両者ともにメリットのある挑戦でした。また、目標でありライバルであるディズニーランドの世界観では、絶対にできないことでもありました。ディズニーランドでは、ディズニー映画の世界観をこわすことが許されないからです。

最小限のコストで集客するアイディアを連発

またＵＳＪは二〇〇五（平成一七）年四月のゴールデン・ウィークから、パーク内の案内業務に特化して「パーク・コンシェルジュ」という接客専門職を設けました。東京ディズニーリゾートに比べ、ＵＳＪ園内に、気軽に声をかけられるスタッフがいないという客の声を施策に反映させた制度でした。

コンシェルジュには、厳しい審査を通過した四人の若手アルバイトが選ばれ、客からの声かけを待つだけでなく、園内を回って困っていそうな客に対し積極的に手を差し伸べる教育が施されました。

刺激的なアトラクションやキャラクターの力に頼るのではなく、園内の雰囲気をより質の高いものにしていくことで集客を図ろうというこころみは、ターゲットをファミリー層に明確化したことと、大型設備投資ができない中でいかに工夫を凝らすべきかを、社員が話し合った成果でした。

また同じ目的で、ショーに力を入れるようになりました。

アトラクションはどんなにすばらしい出来でもリピーターの獲得はむずかしいものですが、ショーであれば、季節やイベントに応じて内容を変えることができ、それがリピーターの獲得につながると考えたのです。

これらの施策は徐々に効果をあげ、二〇〇五年三月期には、営業利益が七三〇〇万円の黒字になりました。

コストをかけずに集客力を高める試みは、この後も継続されます。

たとえば、二〇〇五年九月には、「Ｃｌｕｂユニバーサル」という公式ファンクラブをたちあげました。会員登録無料で、イベント情報の配信、一年以内のリピートに対する入場料割引などの特典を受けることができます。会員は数十万人規模となり、「ＵＳＪファン」を育てる母胎となりました。

さらに他社との共同イベントにも力を入れました。

ＵＳＪは、ハリウッド映画のテーマパークなので、華やかな雰囲気の建造物が多くあります。これを有効利用した共同イベントを開催すれば、明確なターゲットをもつ集客をすることが可能だと気づいたのです。二〇〇五年一一月に最初に行われたのは「ピンクパンサー」をモチーフにした香水の先行発売会でした。邦画会社と組んだ試写会、若い女性に人気のブランドのクリスマスイベントなども開催しました。

これらによって、客足の鈍る冬季も堅調な入場者数を確保することができました。

しかし累積損失は三一六億円と、少しずつ膨らんでいます。ＵＳＪ社は、開業にあたり一八の金融機関から一二五〇億円を借り入れ、大阪市からも二三〇億円の融資を受けていました。返済額は年間一三〇～一四〇億円にものぼっていたのです。

攻めの経営が必要でした。新たに資金を得て、融資の返済と積極的な設備投資を行わなければ、活路は見い出せません。

3. 財政難を乗り越え、東証マザーズ上場

■事業を再生した二つの財務改革

新規に資金を得るには、より強力な株主を迎え入れる必要があります。

しかし資本を再構成するとなると、現状の株主や金融機関との調整が必要でした。この調整は難航し、ガンペル氏は欧米の金融機関にも接触しました。

この呼びかけに応えたのが、日本のリゾート案件に積極的だったゴールドマン・サックス系のファンド「GSキャピタル・パートナーズ」です。

USJ社は議決権のない優先株を発行し、GSキャピタル・パートナーズが二〇〇億円、日本政策投資銀行が五〇億円を引き受けると発表しました。

この二五〇億円を開業時の借入金返済にあて、金融機関への債務を六五〇億円に圧縮します。これにより毎期の返済額が半分となり、単年度収支を大幅改善。余剰分を資金源として、新たなアトラクションを導入し、ようやく上向いてきたUSJの業績のさらなる成長を促す計画でした。

しかし優先株は、上場の際に普通株に転換できる条件になっていました。GSキャピタ

ル・パートナーズが全株を転換すると、持ち株率四七％の筆頭株主になります。ゴールドマン・サックスはＵＳＪ社に非常勤役員を派遣して経営に関わる構えであり、投資をどのような方法で回収するかを表明していませんでしたから、既存株主からは不安の声があがりました。

また、優先株には「二〇一〇年までに株式上場できない場合は増資総額を払い戻す」という条件が付いていました。その際は既存株主にしわ寄せが行くことになります。しかし、再建プランに不可欠だったため、この条件を飲みました。

二〇〇五（平成一七）年には、増資に応じてゴールドマン・サックスからアンクル・サフ氏等三名の役員を受け入れ、経営陣のテコ入れを図りました。

同時並行して、ＵＳＪ社は産業活力再生特別措置法（産業再生法）の適用を申請します。住友金属工業や日産自動車等も適用を受けた法律で、事業の再生等を促進するのが目的です。ＵＳＪ社の増資と六五〇億円の債務の借り換え措置の決定と同時に、適用が決まりました。

以上のような施策が奏功し、ガンペル氏の改革は一定の成果をあげました。

■「攻めの経営」の地歩を固める

翌二〇〇六（平成一八）年二月には、新施設の導入構想を発表。新しいエリアとアトラクションの導入をうたいます。さらにガンペル氏は、記者会見で、今後は関西圏の入場者比率の高さを見直し、中部地方などの周辺地区や潜在需要が大きく見込める中国からの顧客も取り込む計画だと述べています。

一方で、同年五月にはチケット料金の値上げを発表しました。

ワールドクラスのテーマパークであることを維持するには、新たな施設の投入が不可欠であり、施設の内容やサービスを充実させているので、入場者にも理解してもらえるはずだという目論見でした。

実際、サービス業でありがちなのは、集客数や売上高を偏重するあまり、安売り競争をしかけてしまい、その結果、顧客サービスが行き届かなくなって、顧客満足度を下げてしまうという悪循環に陥ることです。これでは、最終的に自分たちのブランド価値を落とすことになります。ＵＳＪ社は、この施策によって、この負のスパイラルに陥ることを避けることに成功しました。

さて、ガンペル氏は同年五月の取締役会で続投が決まります。

同時に前社長であり、ＵＳＪ立ち上げの最大の功労者の一人だった佐々木会長が退任。入れ替わるように外部から経理のプロである飯田浩司氏をファイナンス・アドミニストレーション本部長として役員に招きました。

増資によって株式の保有率が変更されたことで、大阪市や米ユニバーサル社出身の役員は減少。次いで六月に行われた株主総会では、役員の報酬上限を二・五倍に引き上げ、報酬の一部は業績に連動させることも決定しました。業績のさらなる向上や株式上場実現への意欲を高める狙いでした。

二〇〇六年の最終損益は四六億円となりましたが、これは前年の五一億円より低い水準でした。またこのうち四〇億円分が借入金の借り換えによる特別損失分でした。

つまり、ＵＳＪ社の財務体質は劇的に改善したのです。

■東証マザーズ上場、青年へ脱皮

そして二〇〇七（平成一九）年三月、ＵＳＪ社は東証マザーズに上場の運びとなりました。上場日の終値は、公募価格を三％上回る五万六〇〇〇円。筆頭株主はゴールドマン・サックス・グループの「クレインホールディングス」となり、住友金属工業や日立造船といった設立時の有力株主の多くが、株式を売却しUSJ社の経営から撤退しました。上場を契機に、大阪市役所出身の役員はゼロになり、関西財界出身者もほとんどいなくなりました。

USJ社は、いち民間企業として自由に経営を行う「青年期の企業」への脱皮に成功したのです。しかしそれは同時に、もはや誰の庇護も受けられず、自分の足で立ち、過酷な競争に打ち勝たなければならないことも意味しました。

4.「パワー・オブ・ハリウッド」から「ファミリー・エンターテイメント」へ

■ターゲットは「若者」でなく「ファミリー層」

上場後、USJ社は個人株主の広がりにともなうファンやリピート層の拡大を狙いました。しかしその目論見はなかなかうまくゆかず、上場の主幹事だった野村證券のアナリストに「まだ市場はガンペル社長の手腕で改善されたUSJのキャッシュ創出力の高さを理解していない」と嘆かせるほどでした。

しかしその間にも、ＵＳＪは新規アトラクションの導入や「おサイフケータイ」を利用した優先入場システムの構築といった施策を矢継ぎ早に行って、世間に生まれ変わったＵＳＪをアピールしました。

これらの施策で一貫していたのは、もはやＵＳＪの顧客は若者やカップルだけではなく家族だという、「ＣＦＴ」によって提案されたターゲットでした。

そのため、ディズニーリゾートのように、キャラクターやコンテンツの一貫性には欠けますが、豊富なコンテンツが作られていきました。

ＵＳＪ開業当初の集客の目玉は、『ジョーズ』や『ＥＴ』といった大ヒット映画作品を題材にしたアトラクションでした。しかしこれらのアトラクションはスリル感を味わうものが多く、若者やカップル向きで家族連れが一緒に楽しむのに不向きでした。

そこで前述したように、「ハローキティ」を園内キャラクターとして採用し、「ピンクパンサー」「スヌーピー」「セサミストリート」のキャラクターを交えたショーを開催し、入場者における家族連れの割合を四〇％から六〇％に、女性比率を五〇％から七〇％に引き上げることに成功したのです。

その結果、二〇〇八（平成二〇）年には、世界のテーマパーク入場者ランキングで九位につけるまでに成長しました。

「ビジネスとしての成功」を目標にすえて

ところがガンペル社長は、この結果を手放しで喜んではいませんでした。

「どうしても入場者数が注目されるが、数だけを増やそうとして価格を安くすれば年間一三〇〇万人を集めることも可能。ただ、例えば航空業界の業績を見るときには旅客数ではなく、収益性やコスト効率が重要なはず。集客数は一定レベルを超えさえすれば、追加的な投資負担を伴わずに顧客一人当たりの収益性も向上する」

「以前、米国でテレビ局の仕事をしていた時は視聴率が取り沙汰された。いい視聴率をとるために膨大な番組製作費がかかっていたり、広告収入が十分に得られていなかったりすると、ビジネスとしては成功とは呼べない」

「家族はリピーターになりやすい層。年間八〇〇万人台を集め続けるには幅広い層からのリピーターをつかんでおきたい。長時間にわたって子連れで家族が遊びに行ける場所は限られており、強い需要がある。また子供は必ずしも投資額のかさむアトラクションでなくても喜んでもらえるので、パークの投資負担を軽減できる」

さらにガンペル氏は、テーマパークの本質にまで思いを馳せます。

「テーマパークで本当に集客を維持するために必要なのは、エモーショナル・コネクション（感情的なつながり）。家族の思い出づくりを担うことがリピートにつながる。例えば、ミッキーマウスは巨額な設備投資が必要なアトラクションではないが、消費者の心をつかめるから成功している」

（以上、『日本経済新聞』二〇〇八年三月一日地方経済面　近畿）

ＵＳＪは開業から七年かけて、ようやく経営を軌道に載せることができました。株式上場も実現し、今後は株式市場から得た資金をもとに、さらなるビジネスの拡大を進めていこうと考えました。

しかしその矢先、思いもよらぬハプニングがＵＳＪを襲います。

二〇〇八（平成二〇）年一〇月の「リーマンショック」です。

5．TOBと非上場化の成立。そして二〇一〇年代の飛躍

■「リーマンショック」による痛手と回復

世界経済に大きな打撃を与えたリーマンショックですが、USJ社も例外ではありませんでした。

なにより痛かったのが、上場して二年しか経っていなかった株価が下落したことでした。また市場全体の投資マインドがすっかり冷えてしまったことで、改善の見通しも立ちませんでした。財務体質の健全化は達成しましたが、これでは新規設備の導入に打って出ることがむずかしくなります。

ガンペル氏は、二〇〇九（平成二一）年に、ゴールドマン・サックス系投資会社社長のアンクル・サフ氏とともに記者会見を行いました。

その場で、ゴールドマン・サックスによるTOB（株式公開買付のこと。買付期間、買取株数、買取価格を公示し、株式市場外で不特定多数の株主から株式を集めること）を実施し、USJ社はマザーズ上場を廃止すると発表しました。

ガンペル氏はその目的として、「短期の業績変動に対して辛抱できる株主の下で会社の

価値を高めていくのが有効と判断した」と述べました。

未だ主要株主のひとつだった大阪市が、別の第三セクター「大阪ワールドトレードセンタービルディング」破綻の穴埋めとして、保有資産の売却を迫られていたことも、前述の発言の理由のひとつだったかもしれません。

ゴールドマン・サックスのサフ氏も、中長期的な投資を重視し、企業価値が高まるのであれば再上場も視野に入れるとして、ガンペル氏の発言を支持しました。

■第三セクターからの脱却、新たな混乱の回避

同年五月、このTOBが成功し、USJ社は名実ともに、大阪市の第三セクターから脱却しました。そしてゴールドマン・サックス傘下で改革を加速し、積極投資へとかじを切りました。

取締役はガンペル氏と営業担当の田中功氏が残留した他は、すべてゴールドマン・サックスや投資ファンドの出身者で占めることになりました。しかし幹部組織を取締役会と業務執行部門に切り分け、取締役を退任した幹部たちは引き続き各業務部門の責任者として現場の指揮をとることにしました。

これによって、初期のUSJを悩ませたような現場の混乱を回避しました。

ガンペル氏は、初期のUSJ社という荒れてしまった畑を再生するべく、鍬を入れ、肥料をまき、水を引きました。リーマンショックという大嵐で、いったん畦がこわれてしまいましたが、それもなんとか修理することができました。

■「ハリーポッター」という大博打

次は、この畑にどんな種を撒くか、でした。

マーケターの仕事です。

執行役員（当時）の森岡毅氏は二〇一〇（平成二二）年にUSJ社に入社。海外研修で「ユニバーサル・オーランド・リゾート」へ行き、そこで「ハリーポッター」アトラクションに出合います。もともと小説や映画の「ハリーポッター」シリーズの大ファンだった森岡氏は、ぜひ、これを日本でもやりたいと考えました。

しかし、建設予定額四五〇億円という大掛かりなアトラクションです。当時、USJの年間売上高が七〇〇億円弱だったので、その半分をつぎ込むことになります。失敗すれば会社が傾くことはまちがいありません。この提案を聞いたガンペル氏は、森岡氏に「会社を倒産させる気か」と言ったそうです。

しかし森岡氏は、ただ意気込みだけを伝えるのではなく、客観的なデータによる需要予測にもとづいてプレゼンテーションを重ねて、ガンペル氏を納得させました。ガンペル氏はゴールドマン・サックスの投資委員会にかけ、承諾を得て、この一見大胆で、無謀にも見える巨額設備投資を敢行しました。

ゴールドマン・サックスの責任者だったサフ氏は、この出来事について、

「株主が経営に関与しすぎても、経営者が自由に判断しすぎても失敗する。投資する金額が妥当か、リスクはどこにあるか。これをチェックするのが株主の役割」

（『日本経済新聞　電子版』二〇一四年一一月一四日）


と述べ、二〇〇九年に新しくなった組織が、うまく機能した結果であることを遠回しに伝えています。

そして二〇一二（平成二四）年五月、ＵＳＪは開業以来最大の投資に踏み切ると発表しました。珍しく記者会見に登場したガンペル氏は、このエリアが国内だけでなくアジアか

らの集客も見込めるだろうとし、「グランドスラム（満塁ホームラン）」となるはずだと、絶対の自信を示しました。

このハリーポッターをテーマにしたエリアは、映画に登場するホグワーツ城やホグズミード村を再現し、テーマパークの中にテーマパークがあるような形式になることがアナウンスされました。そして3D映像と組み合わせた乗り物が用いられます。ハリーポッターファン以外にも、たいへん期待をもたせる内容でした。

■資金だけでなくアイディアでも勝負をかける

社運をかけた大型アトラクションは「ウィザーディング・ワールド・オブ・ハリーポッター」と名付けられ、二〇一四（平成二六）年にオープンしました。

その年は開業年の最高入場者数を突破する一一〇二万九〇〇〇人の動員を記録。翌二〇一五（平成二七）年には、入場者数が一三九〇万人となり前年の記録を更新しました。「ハリーポッター」のアトラクションがオープンした年の七月、わたしは大阪・朝日放送（テレビ朝日系列）の「おはよう！朝日です」というニュース番組に出演しました。番組中、「大阪では、USJのハリーポッター効果が五年続くだろうと言われている」

と言われたのに応えて、「いいえ。三年はもちますが、五年はもちません。五年を超えて人気が続くようなら別の要因があるはずです」とお答えしました。

通常、テーマパークに大型アトラクションを導入すると、「初年度バブル」で一年目は好調ですが、二年目には客数を大きく減らすのです。業界では「二年目のジンクス」と言われています。しかし、これだけ大型アトラクションを導入するのですから、ピークが一年ということはありません。そこで、「三年はもつ」と考えたのです。しかし五年はもたないだろうと思っていました。

導入から三年を経た二〇一七年秋現在、ＵＳＪは絶好調です。ハリーポッター効果だけで三年ひっぱっているのではありません。要因は他にもあったのです。すなわち、ＵＳＪが資金でなく、知恵を絞って打ち出した、イベントやアトラクションです。

テーマパークは満塁ホームランだけでは持続的成長は見込めません。送りバントやヒットエンドラン、隠し玉も必要です。

前述の森岡氏は、経営陣のこの要求に応えるべく、大型アトラクションの導入以外にも、六〇以上の個性的なイベントや企画を立案しました。これらが客の心理を的確につかみ、その後の絶好調ぶりを下支えしたのです。わたしの予想も良い意味で裏切ってくれそうです。

■「ガンペル後」にやってきた日本版アメリカンドリーム

ＵＳＪは開園直後に訪れた危機を、ガンペル氏という米国人経営者の力で乗り越え、その後「Ｖ字回復」を果たしました。

しかしガンペル氏はＵＳＪを去ります。二〇一五（平成二七）年九月には米国のコムキャスト社がＵＳＪ社を買収し、同年一一月に、ユニバーサル・パークス＆リゾーツのジャン・ルイ・ボニエ氏が社長に就任しました。

改革はこのまま続くのか。

ＵＳＪはまた、以前の不調に陥るのではないか。

そんな心配の声が聞こえてきた矢先の二〇一七（平成二九）年、驚くべきニュースが飛び込んできました。

二〇一六年のテーマパーク世界ランキングで、東京ディズニーシーを抜き、ＵＳＪが四位となったのです。世界のテーマパーク業界に激震が走りました。テーマパークの優等生である東京ディズニーシーを入場者数で上回るテーマパークが、同じ日本に出現するとは誰も思っていなかったからです。

ＵＳＪ誕生のきっかけとなった松下電器（現パナソニック）は、以前から「二番手商法」を採用してきました。画期的商品の新規開発に力を注ぐのでなく、ヒット商品を改良しさらに良い商品にすることで、客の支持を獲得しようという商法です。そのため「マネシタ（真似した）電器」などとも呼ばれましたが、二番手商法は立派な戦略といえます。

しかし開業初期に巨大な債務を抱えてしまったＵＳＪは資金力に乏しいため、この戦略もとることができませんでした。その代わり、先述したように低コストで楽しませる工夫を重ねたのです。

例えば、有名な「バックドロップ」というジェットコースターがそれです。前向きに走っていたジェットコースターを後ろ向きに走るように直したのです。これにより、設備投資はほとんどしていないにもかかわらず、ゲストに新アトラクションを導入したような印象を与えることに成功しました。また、ハロウィンのイベントでは仮装したゲストをあつめました。パフォーマーを多く雇わなくても、大規模で賑やかに見えるのです。このような工夫を積み重ねてＵＳＪは集客力を上げてきたのです。

現在、ＵＳＪは非上場なので財務データ上も東京ディズニーシーを上回ったかどうかは不明ですが、この逆転劇は日本版アメリカンドリームとでも呼んでいいほどの快挙でした。どんな業界にもトップに君臨する大企業があります。すごいなあと畏敬の念を抱くと同時に、彼我の差に怖気づいて、「いつか自分たちがトップに立つ」ことをあきらめてしまうことも多いでしょう。

しかし、このＵＳＪが実現したように、逆転劇はいつ起こるかわからず、そのためには日々の創意工夫が必要なのです。

では、ＵＳＪをそこまで押し上げた本当の理由は何だったのでしょう。

第三部は、それがテーマとなります。

第三部

なぜ二大テーマパークは日本でのみ「大」成功したのか？

一　なぜテーマパークの低迷と撤退が起きるのか

1．日米以外のディズニーランドの実情

■米国と日本だけで「大」成功している二大テーマパーク

世界のテーマパークランキングを見ると、ディズニーとユニバーサル・スタジオの二つが上位を占めています。

さらに言うなら、二つのグループの本拠地米国と、日本にあるテーマパークだけが「大」成功を収めています。前述したように、他国の状況は「小」成功です。

■財務体質改善を目指すユーロディズニー

まず世界各国のディズニーランドをみてみましょう。

第一部で見たように、ディズニー社は東京ディズニーランドの成功をふまえ、ユーロディズニー（現「ディズニーランド・パリ」）を一九九二年に開業しました。

しかし、業績は当初の見込み通りになっていません。

集客においては、米国と日本のディズニーリゾートに次ぐ数を誇っています。開業初年度は、一大センセーションを巻き起こした東京ディズニーランドよりも多いほどでした。

しかし初期投資に莫大なコストをかけたことや、開業翌年からの入場者数低迷、客単価の低さといったことに加え、近年ではヨーロッパ全体がおそわれているテロの不安なども加わって、二〇一六年九月の通期決算では、純損失が一〇〇〇億円と過去最悪となってしまいました。

ここで、第二部で紹介したガンペル氏の発言を思い出してみましょう。

「どうしても入場者数が注目されるが、数だけを増やそうとして価格を安くすれば年間一三〇〇万人を集めることも可能。ただ、例えば航空業界の業績を見るときには旅客数ではなく、収益性やコスト効率が重要なはず。集客数は一定レベルを超えさえすれば、追加的な投資負担を伴わずに顧客一人当たりの収益性も向上する」

まさにこの点が、ユーロディズニーに欠けている部分です。

これを改善し、健全な財務体質に戻ってこそ、ユーロディズニーは「大」成功と言えます。とはいえ「ユーロディズニーは失敗に終わっている」という言説は正しくありません。なぜなら、ヨーロッパ圏ではもっとも高い集客力をほこるテーマパークなのですから。だからといって「大」成功に分類できないのは、こういう理由からです。

「大」成功とは言えないもう一つの理由は、フランス・ロワール地方レゼペスという街にある「ピュイ・デュ・フー」というテーマパークのほうが、ユーロディズニーより人気が高いからです。トリップアドバイザーが発表した、旅行者のクチコミ評価による「世界の人気テーマパーク二〇一七」によると、「ピュイ・デュ・フー」は世界人気ランキング六位、ディズニーランド・パリ（ユーロディズニー）は一〇位圏外です。入場者数ではディズニーランド・パリのほうが上ですが、大手クチコミサイトではピュイ・デュ・フーの方が上位にランクされているのです。これでは「大」は付けられないでしょう。

■ネガティブな情報が飛び交う「香港ディズニーランド」

では他のディズニーランドはどうでしょう。

現在、米国と日本、フランス以外には、香港と上海にディズニーランドがあります。香港ディズニーランドは、一九九九年に計画が発表され、二〇〇五年に開業しました。一九九九年の香港返還後の観光客減少に歯止めをかけたい香港市政府と、映像や版権ビジネスが不振に陥ったため、コストを現地企業と折半できるテーマパーク事業の世界展開によって本業不振の穴埋めを図りたいディズニー社の思惑が一致した結果です。

香港は背後に中国本土という巨大市場を抱えているため、二〇二〇年には入場者数を年間一〇〇〇万人の大台に載せることができるだろうと予測されました。

東京ディズニーランドの約半分の面積であることを考えると、非常に大胆な予測です。しかし香港市政府の期待は大きく、インフラ整備のため、約三四〇〇億円ものコストを負担しました。

開業初日は一万六〇〇〇人、その後も連日一万人を超える人出となり、順調な滑り出しでした。ところが、国慶節（一〇月一日から七日間の大型連休）の特別料金に対し本土のゲストから不満の声があがったり、ゲストのマナーが悪く、園内の雰囲気が台無しになったりといった問題が持ち上がります。一方、ゲストからはスタッフの対応が横柄であると不満が出ました。

さらに香港市民への割引に対して本土のゲストから不公平だとクレームが起きる、春節休暇（一月下旬から二月上旬にある旧正月）には大挙押し寄せた本土客に対する入場制限に対し小競り合いが起きる、またキャストからも過酷な労働環境を訴えられるなど、テーマパークや休暇のあり方について、数々の文化的な摩擦と運営の不手際が露見しました。

こうした混乱への嫌気や、割高感のあったチケット価格、そして敷地面積の狭さやアトラクションの少なさ（東京ディズニーランドの約三分の一）といった原因によって、入場者数は伸び悩み、一年目の年間入場者数五二〇万人は、二年目に四〇〇万人程度まで減少しました。こうした香港ディズニーランドの不振は、米国ディズニー社の業績の足も引っ張ることになりました。

また、香港ディズニーが入場者数を偽装して発表しているという疑惑が浮上し、地元の新聞社が疑惑検証のために独自に入り口調査を実施する騒ぎとなりました。さらに香港立法会（議会）では「入場者のかなりの部分は無料で入場した人が占める」と糾弾されます。テーマパークのイメージを損なうネガティブな情報が多く発信されたのです（二〇〇五年一一月二二日　日経産業新聞四頁）。

■香港でも起きた文化摩擦

さらにこの香港ディズニーランドでも、ユーロディズニーで犯したあやまちが繰り返されます。広州の旅行会社によると、ディズニー社が各旅行会社との関係構築を怠り、そのせいで業績不振で閉鎖が噂されていた香港海洋公園というテーマパークを旅行パックに組み込む旅行会社が続出。香港ディズニーランドは入場者数で香港海洋公園を下回るという笑えない結果となりました。

ディズニー社に傲慢な態度をとらせた原因は、やはり日米のディズニーランドの「大」成功でしょう。本書で何度も述べているように、彼らは「ディズニーのやり方」で運営すればどこでも日米のように「大」成功するという自負を捨てられずにいたのです。

ようやく二〇〇九年になり、香港市政府とディズニー社は、四三〇億円を出資して香港ディズニーランドを拡張することで合意します。拡張は五年後の完了でしたが、その前に香港の二〇％近いインフレ率に対応するため、入場料の値上げを敢行します。その効果と、テーマパーク文化がようやく中国大陸の地に定着しはじめ、園内の雰囲気が保たれるようになったことから、客数やホテル稼働率が上昇。二〇一三年に、開業以来七年ではじめて黒字を計上することができました。

しかし開業時の目標だった年間一〇〇〇万人という入場者数には遠く及びません。

また中国本土からの来場者に対する香港市民の反感は強く、香港市政府の梁振英行長官は、「今後はむやみに本土の来訪者を増やすことを目指さない」と述べています（『日経産業新聞』二〇一三年二月二〇日）。

結局、黒字を計上したのは二〇一三年からの三期のみで、以後は赤字に転落しました。本土からのゲストは全体の三〇％程度でしたが、今後はその分を東南アジアからの客で穴埋めしなければなりません。そこでライバルとなるのが東京ディズニーリゾートであり、次にあげる上海ディズニーランドです。商圏や生活圏が異なるとはいえ、世界で一番小さなディズニーランドである香港ディズニーランドは「小」成功を得ることはできましたが、今後も苦しい経営が続くでしょう。

■世界最大級のテーマパーク「上海ディズニーランド」

一方、上海ディズニーランドは二〇一六年六月に開業した世界でもっとも新しいディズニーランドです。

周辺施設を含めた「上海ディズニーリゾート」の広さは四一〇ヘクタールで、米国フロリダ州オーランドの「ウォルト・ディズニー・ワールド・リゾート」に次ぐ規模です。また商圏となる上海周辺の地域で一人あたりGDPが一万ドルを突破し、東京ディズニーランド開業当時の日本の水準に近づいたことや、それに伴い、娯楽への支出が増加していることなどから、年間利用者数は約三〇〇〇万人と見込まれました。

しかしこの数字は楽観的すぎます。

もっとも上海ディズニーランドだけでなく、ほとんどのテーマパークの事前予測が、実力を無視した過大な見積もりなのです。そしてその数字をもとに初期投資が行われるので、開業後にその返済が収支悪化の原因となるのです。

オリエンタルランド社長（当時）の福島祥郎氏は、テーマパークの規模を二倍にすれば来場者が二倍になるわけでないが、修理費など（管理運営費等のコスト）は二倍以上になるので、その分経営を圧迫すると述べています。

■上海ディズニーランドは「小」成功

さて、上海ディズニーランドの開業一年目の成績はどうだったでしょうか？

開業から半年で五六〇〇万人とまずまずの成績をあげ、一年目で一〇〇〇万人を突破し、中国本土のテーマパーク一位に躍り出るだろうと予測できます。

しかし、その数字を達成しても、まだ東京ディズニーランド、東京ディズニーシー、USJに追いつくことはできません。さらに、たとえ入場者数が上回ったとしても、それだけでは「大」成功ではなく、「小」成功です。

米国のテーマエンターテイメント協会（TEA）とコンサルティング会社AECOMがまとめた二〇一六年のレポートでは、「テーマパークのアジア太平洋市場はまだ飽和しておらず、特に中国の施設の入場者数は二〇二〇年までに米国を超える」と予想しています。

その時、規模相応の入場者数と売上高、適切な財務状態、そして何より、「ディズニー」の名にふさわしい園内の雰囲気と接客が実現できているか否か。

それが、上海ディズニーランドが「大」成功かどうかの判断基準となるでしょう。

2. 日米以外のユニバーサル・スタジオの実情

「ユニバーサル・スタジオ」というテーマパークは現在、世界で四か所あります。

一つ目は米国カリフォルニア州ハリウッドに位置し、ユニバーサル・スタジオ発祥の地である「ユニバーサル・スタジオ・ハリウッド」です。

もう一つは、米国フロリダ州オーランドにある「ユニバーサル・オーランド・リゾート」です。この施設は、「ユニバーサル・スタジオ・フロリダ」と「アイランズ・オブ・アドベンチャー」という二つのテーマパーク等を備えた総合リゾートです。後者の代表的なアトラクションには、USJでも大人気の「ハリーポッター」があります。

そして、大阪市にあるUSJ（ユニバーサル・スタジオ・ジャパン）です。

最後のひとつは、二〇一〇年に開業した「ユニバーサル・スタジオ・シンガポール」（以下、USシンガポール）です。

■「カジノ」のために作られたUSシンガポール

USシンガポールは、シンガポールのセントーサ島にある、シンガポール初の総合リゾート「リゾート・ワールド・セントーサ」の一部です。規模は小さく、敷地面積とアトラクション数は、USJの約半分（約二〇ヘクタール、アトラクション数二〇）です。

なぜ、この規模のテーマパークが建設されたのでしょう。

それはリゾート施設の収益の柱が「カジノ」だからです。

カジノはたいへん利益率の高いビジネスです。顧客一人の専有面積は椅子一脚分でよく、ひとつのテーブルには従業員一人が付けば十分であるため、他のギャンブルとくらべてもコストが極端に低いからです。

しかし良いことばかりではありません。セキュリティ対策に巨額のコストが必要となります。さらにカジノには「コンプライアンス不況」というリスクがあります。

コンプライアンス不況とは、法令や条例で規制されただけで業界全体の売上が劇的に落ちてしまうことです。カジノが法律で規制されたとたん、カジノ業界は不況に陥ります。

政治や経済状況に左右されやすい業界なのです。

広い土地と巨額の初期投資を必要としますが、レジャーや文化の担い手として多くの人びとから歓迎されるテーマパーク事業とは正反対の特徴をもつのです。

加えて、シンガポールでは、カジノは施設の総床面積の五％以下に規制されています。よって、この条件をクリアするために、広い敷地面積を稼ぐことができる施設の誘致が、カジノ建設の必須条件となり、その条件をクリアするギリギリの広さということで、比較的小規模なテーマパークとなったというわけです。

同じテーマパークとはいえ、これだけ規模や目的の異なる施設ですから、入場者数や売上も異なります。ＵＳＪとは単純に比較できません。余談ですが、日本や台湾などで盛んに検討されているカジノが本格的に解禁されるとなると、リゾート・ワールド・セントレーサのこころみは、引き続き注目に値するでしょう。

■最難関は「誘致」

さて、先に述べたように、現在ユニバーサル・スタジオは世界でこの四か所しかありません。その入場者数トップのＵＳＪについて本書では、米国ユニバーサル・スタジオの成り立ちから、日本への誘致活動、開業直後の不振と崖っぷちからＵＳＪを救った「ガンペル改革」まで詳細に、その経営動向を追いかけました。

しかし、経営方針を批判できるのはまだよいほうで、ディズニーランドとユニバーサル・スタジオという二大テーマパーク事業の世界では「開業に至らなかった」例のほうがはるかに多く存在します。

たとえば、ディズニーランドは、オリエンタルランドが誘致に手をあげた当時、二一か国から誘いがあったということです。日本は、二二番目に誘致した国だったのです。

しかしそこから浦安の地が選ばれたのが、単なる偶然や裏取引、政治的駆け引きによる結果でないことは、すでにご承知の通りです。実力がないのに裏取引や駆け引きだけしてもだめなのです。

ユニバーサル・スタジオも多くの計画が浮上し、頓挫しています。

■中止された北京と上海でのUS計画

たとえば、USJ開業当時、ユニバーサル・スタジオは次なるアジア進出の拠点として中国を目指し、北京と上海の市政府と交渉し、特に上海市政府とは合弁会社設立まで話し合いが進んでいました。

しかし条件交渉の遅れなどから中央政府の認可が下りなかったり、入場料金が当時の上海市民には高すぎるなどのずさんな計画、さらには中国経済の成長による建築資材等の高騰でコストが上昇するなどの要因が重なり、計画は中止に追い込まれました。

このユニバーサル・スタジオ上海計画の中止は、日本の一九八〇年代以降、バブル期に起きた「リゾートブーム」に似ています。

どちらも、先行した「大」成功（東京ディズニーランド）に目を奪われ、政策や好景気に背中を押されて、楽観的予測のもとにバラ色の青写真を描くものの、採算性に問題が発生すると、関係者が一斉に手を引き、あっけなく計画が頓挫するという経緯をたどったのです。

しかしユニバーサル・スタジオ上海の場合は、計画中に中止を決断したことが不幸中の幸いだったといえるでしょう。

3. 誘致失敗の典型「ユニバーサル・スタジオ・ソウル」計画

■国家的プロジェクトの消滅

韓国は、シンガポールが誘致をはじめた同時期（二〇〇七年）に、ユニバーサル・スタジオ・ソウルの設立に向けて運動を開始し、二〇〇八年には準備組織として「ユニバーサル・スタジオ・コリアリゾート」（ＵＳＫＲ）を設立。ロッテグループや金融機関などとコンソーシアムを形成し、受け入れ体制を作りました。

また、誘致運動の先頭に立った京畿道（ソウル特別市と仁川広域市を取り囲む地域）知事のキム・ムンス氏を中心に、京畿道と水資源公社が誘致パートナーとなりました。しかし水資源公社が、建設予定地の国有地を少しでも高く売却しようと駆引きを繰り返すうちに運動が停滞します。

その一方で、二〇一三年に朴槿恵政権が、年間一兆円の経済波及効果があると発表し、雇用創出と観光産業活性化を目的として、運動のテコ入れを表明します。

しかし関係者が「低金利融資、破格の土地提供など、政府の潤沢なサポートがなければ、このプロジェクトは、しないのではなく、できないだろう」と悲観的見解を示すなど、世界的金融危機の余波と不動産景気の低迷が実現をさらに困難にし、ついにプロジェクトは消滅したのです。

たしかに「リーマンショック」と「世界同時不況」の影響はありましたが、USシンガポールが同時期に誘致に成功し、二〇一一年に無事開業にこぎつけたことを考えると、そこだけに原因を求めるのはむずかしいようです。

■船頭多く、責任とらず

この計画が行き詰まった原因のひとつは、船頭が多いのに、誰も責任者にならないことにありました。

つまり、①ロッテグループが資金難に陥り、協力体制が組めなかった、②水資源公社の土地売却を巡る駆引き、③政府や自治体が掛け声ばかりで資金的サポートを行わなかった、④米ユニバーサル社が著作権使用料の減免に応じなかった、等、プレイヤー全員が自己の利益に執着し、譲歩を拒んだことが、計画を暗礁に乗り上げさせてしまった最大の要因だったのです。

さらに研究を進めると、プロジェクトに参加した登場人物たちの無責任さが、明らかになってきました。

実際に誘致計画を進めてきた事業主体は、ロッテの子会社であるロッテ資産開発でした。ロッテ資産開発の実行部隊は社内からの「抜擢」という名目でしたが、実際は中堅社員への面倒な仕事の押し付けだったようです。

親会社のロッテ担当者、自治体や政府の役人、パートナー企業の担当者は何もせず、ただ実行部隊を突くだけだったというのです。

波及効果一兆円のプロジェクトが、実権も義務も報酬もない、一介のサラリーマンたちに押し付けられていたとしたら、成功などできるはずがありません。

多くの船頭が「普通のサラリーマン」の上に乗っかって実務をやらせようとしたものの、そのサラリーマンが潰れてしまったのでしょう。会議で色々決め、指揮命令するだけならば楽です。

ウォルト・ディズニーは自ら先頭に立ってディズニーランド計画を牽引しました。ウォルトがディズニーランドを成功させたのは、部下に指揮命令しただけではなかったのです。

■不成功になった理由は？

しかしこの事例はたぶん、韓国に特有のものではないでしょう。

世界中の多くの国で、これと似たようなことが起き、華々しい記者会見で発表されたテーマパーク計画が立ち消え、あるいは実現したとしても、行き詰まり、潰れていったのです。

ではＵＳＪや東京ディズニーリゾートにできて、失敗したテーマパークにできなかったことは何か。

次の章ではそのことについて触れましょう。

二　何がテーマパークを「大」成功に導くのか

1. テーマパークが国際展開する理由

■テーマパークにおける「範囲の経済性」

ローカルな遊園地やアミューズメント施設は別として、誰もが知っているキャラクターや映画などの娯楽作品をモチーフにしたテーマパークが、常に国際展開を目指すのは、そこに「範囲の経済性」が働くからです。

「範囲の経済性」とは、共通部分によってコスト削減を図ることができ、利益幅を最大化できるという論法のことです。

アトラクションを例にとりましょう。

たとえば、米国のディズニー社で開発したアトラクションなら、米国、日本、ヨーロッパ、香港、上海のディズニーランドで使用すれば、「範囲の経済性」が働き、アトラクション一基分の開発費で、数倍の利益を見込むことができます。

一方、ひとつのテーマパークしか運営していない場合、アトラクションは一か所でしか運用できないので利益は少なくなります。したがって次のアトラクションの開発費用の蓄積まで時間がかかります。

テーマパークにとって新しいアトラクションは、デパートのリニューアルや歌手の新曲発表と同じ。つまり、客にお金を使う機会を与えることができ、その分売上も入場者数もアップが見込めるのです。さらに施設全体の陳腐化を防ぎ、周辺施設も同時に更新することで、安全性や清潔さを高め、同時に社員のモラル向上が期待できます。

■「範囲の経済性」が国際展開を有利に導く

これだけではありません。

「範囲の経済性」は、テーマパーク事業だけでなく、隣接する分野――ディズニーならキャラクター商品や映画の販売にも影響を与えます。

たとえば、テーマパークで展開することによって、キャラクターや映画が利益を生み出す新しいチャネルとなります。テーマパークの開業に合わせて、専門ショップを展開したり、テレビ番組を開始したりできるからです。
さらに全世界で展開することで、それらのステータスも上がります。

「アメリカや日本で大人気の、あのテーマパークがわが国にもやってきた」となれば、良し悪し（ユーロディズニー開業では、これが文化侵略だと悪く捉えられました）にかかわらず、注目を集めることはまちがいありません。

このように、テーマパークの国際展開にはいくつものメリットがあります。

2. テーマパーク運営の三つのリスク

■テーマパークを絵に描いた餅としないために必要なこと

しかし「範囲の経済性」といっても、一つ一つのテーマパークが確実に運営され、利益を出していなければ、「絵に描いた餅」です。

では、テーマパークはどういう場合に「大」成功するのでしょうか。

成功の道筋は数多くあるでしょう。しかし、失敗はだいたい似ています。

リスクは三つに集約できるでしょう。三者と呼んでよいかもしれません。いずれも

「人」だからです。

■著作権会社がテーマパークに何を求めるか

一つ目のリスクは、テーマパークの著作権会社です。ディズニーランドなら米国ディズニー社、ＵＳＪなら米ユニバーサル社です。

本書では重ねて、東京ディズニーリゾートの「大」成功は、米国ディズニー社もさることながら、オリエンタルランドの貢献が非常に大きいと述べました。

オリエンタルランドとともに、初の海外進出を成功に導くという重責を担っていた当時のディズニー社は、ウォルトが亡くなってまだ十数年ということもあり、トップから技術者までに、ウォルトの提唱した「顧客志向」「ホスピタリティ志向」が色濃く残っていました。

そして何より、ウォルトや彼の意を引き継いだ「イマジニア」たちの、細部とクオリティに対する徹底的なこだわりが、ディズニー社の中心を貫き、それがオリエンタルランドのスタッフにも伝わって、東京ディズニーランドの成功に大きく寄与したからです。

本書では紙幅を割いて、その一面を描写しています。

しかし東京ディズニーランドが開業した翌一九八四年、ディズニー社は本業の不振から立ち直るため、ハリウッドからアイズナー氏という切れ者の経営者を迎い入れます。アイズナー氏は期待に応えてディズニー社を立て直しました。

ところが一九九〇年代に入り、米国は一九八〇年代に始まった「金融経済」の発展が頂点を迎え、その結果、企業は「経営者支配」から「株主利益を最優先する企業統治」へと転換します。株主（といっても個人ではなく、金融などの機関投資家）は、短期的な収益と株価の上昇を経営者に求めます。要求を満たす経営者は想像を絶する額の報酬を手にし、それに失敗した経営者は解雇されるのです。

この渦中で、ディズニー社の有り様も変化しました。

ウォルトとロイの兄弟による家族経営的な会社から、極端な能力主義、成果主義のグローバル企業へと変貌したのです。

アイズナー氏は、一定の利益をディズニー社にもたらしたにもかかわらず、ユーロディズニー以降の海外展開では、現地の運営者にリスクを押し付け、利益を独り占めする不平等な契約を結ぼうとしたため、現地の運営者との摩擦を生む結果となったのです。

現地での不評は入場者数につながります。人気商売なので致命傷になりかねません。

結局、ユーロディズニー不振はディズニー社の株価下落を招きます。それ以外にも色々な業績不振が重なり、アイズナー氏は経営者を解任されました。

米国主導の、効率を最優先した経営手法は、時に大きな効果が期待できます。USJを、戦う企業に変えたガンペル氏による改革は、その典型といっていいでしょう。しかしそのガンペル氏も、親会社の合併吸収が原因か否かは公表されていませんが、同じタイミングで社長を退任しています。そして数々の企画をヒットさせてUSJを飛躍させた森岡毅氏も、数か月後に同社を退社しました。

■責任負担能力はあるか？

二つ目のリスクは、テーマパークの現地運営責任者です。

ユーロディズニーのように、著作権会社が実権を握っている場合もあれば、オリエンタルランドのように資本関係のない企業が経営しているケースもあります。

テーマパーク事業を成功させるにあたり、彼らに必要な資質は何でしょう？

これを語るにあたり、もっともわかりやすいのは、東京ディズニーランドとUSJの生い立ちを比較することです。

ともに多くの企業が関わり、自治体から政府までが一体となって、誘致運動を進めました。しかし前者はスタートダッシュに成功し、後者は長く不振に悩まされました。

結果が分かれたのは、前者には、常に多くの参加者をまとめて事業を前に進めるリーダーがおり、後者にはスタート当時、それが存在しなかったからでしょうか。

東京ディズニーランドでは、「夢を実現させよう」と決意した川崎千春氏、それを陰で支えた江戸英雄氏、二人からバトンを受け、最前線で未開の地を切り開いていった高橋政知氏の三人という、特筆すべきリーダーがいました。

ＵＳＪがようやく人を得たのは、開業三年後でした。

大胆な改革を行ったガンペル氏です。

テーマパーク事業は巨大な資金が必要で、かつ大きな利権が動きます。

参加者たちのほとんどは、テーマパークの理想像など関係なく、自らの利益のためだけに動きます。これをうまく御するには、管理や事務処理能力とは別の、打たれ強さや強引さ等の才能が必要なのでしょう。さらにガンペル氏には、出資者だけでなく、現場の意見を積極的に聞くという、経営者にとって簡単なようでむずかしいことを実践できる勇気がありました。

■客に異文化を受容する意識があるか？

三つ目のリスクは客、ゲストです。

ディズニー社が浦安に初の海外進出先を決定した大きな動機のひとつは、その土地が周辺に数千万人の市場を抱え、その多くが家族で暮らし、収入の安定した中流家庭で、良質の娯楽施設を求めていたという点です。

しかし、決してそれだけではないでしょう。ユーロディズニー（現ディズニーランド・パリ）、香港ディズニーランド、上海ディズニーランドも、東京と肩を並べる規模、あるいは知名度のある世界的な大都市を商圏としているという点で、同じなのです。

違う点は、米国文化を受容する意識ではないでしょうか。

ディズニー文化を「チェルノブイリ原発事故による汚染」にたとえて攻撃したフランスの論調や、ディズニーランドも自国資本のテーマパークも関係なく、自分たちのペースを守ろうとする中国国民が相手では、テーマパークの魅力の源泉「テーマ」を維持することができないのです。

これはキャスト（従業員）にも言えます。

ユーロディズニーや上海ディズニーランドのキャストの接客態度が、東京より低いと言われるのは、現地法人のキャスト教育における技術的問題だけでなく、この国民性がもつ、異文化を受容する意識に関係があるのではないかと考えます。

それに関連して、親米国家か反米国家かという問題も浮上します。日本は世界でも珍しい親米国家（米国が好きな国民性）と言われています。ディズニーランドが展開するフランスや中国は、どちらかというと反米的な傾向にあります。

日本人だから米国式を素直に受け入れた、という点は見逃せません。

3. テーマパークを成功に導いた真の要因

■テーマパークが「大」成功する社会とは？

さて、実は、この三つのリスクは、たったひとつの考え方によって、よい方向へと導くことができます。それは、「社会互酬性」という考え方です。

難しい言葉ですが、要するに、

「いつ誰から見返りが返ってくるかわからないけど、善意をほどこせば、そのうち誰かから恩恵が得られるという期待」

（松尾匡『商人道ノススメ』四四頁、以下の記述も同書に多くを負っています）

を言います。

人間は欲深い生き物ですから、報酬を期待しないで行動など起こしません。また、報酬こそが、人を動かし、社会を変えてきた原動力ともいえます。「社会互酬性」はその存在を否定しません。「滅私奉公」や「全体主義」ではないのです。

人は報酬を期待します。

ただし、報酬は「そのうち誰か」からもらえるだろうと考えるのです。

特定の誰かや組織のために働くのではなく、「そのうち誰か」から恩恵を受けることができるだろうと、期待にもならない期待を抱いて、一人ひとりが行動するのです。

たとえば道端に落ちているゴミ――。

自分が落としたのではないから、そのままにしておいてもかまいません。だけど、拾ってやろうという小さな親切心。これがゴミの少ないきれいな街の実現につながります。この小さな親切心が、社会互酬性にあたります。

また、子供の頃、親や先生から「来た時よりもきれいにして帰りなさい」と言われたことはないでしょうか。

これも「社会互酬性」を意識した行動のひとつといえます。

このような社会では、「身内」の世話に血道を上げるのではなく、「赤の他人」におせっかいを焼いたり、誰かと誰か、面白いものと面白いものを勝手に「橋渡し」するような人物がかならず登場し、また社会がそういう人を認め、尊敬します。

報酬は求めるけれど、それがいつで、誰から、ということは一切期待しない。

■テーマパークの成功は「社会互酬性」が関係している

この「社会互酬性」が重要なのは、これが社会一般の常識となっていることで、窃盗や横領、贈収賄といった犯罪、治安維持などに対するコストが大きく削減でき、結果としてみんなが得をすることができる点です。

こうした社会互酬性などのことを「社会関係資本」と呼びます。

現在では、社会関係資本には二種類があると言われています。

ひとつは「結束型」で排他的な集団を、もうひとつは「橋渡し型」で開放型の集団を作ります。

社会はさまざまな難局に遭遇します。

地震や台風といった自然災害、戦争、いろいろな集団同士の縄張り争い、等々です。

その際、わたしたち人間集団は「結束型」と「橋渡し型」を使い分けていきます。東日本大震災のような未曾有の災害に遭った場合は、身をかがめ、互いの手をとりあう「結束型」でなければ乗り越えることはできないでしょう。「結束型」は、災禍をやり過ごすことに長けているのです。

一方、「橋渡し型」は、問題解決型です。一人では手に余る問題に対し、文殊の知恵を寄せ集めて、前に進もうとすることに長けています。

■「橋渡し型」の二人の人物

後者の得意な人間が、本書に二人登場しました。

ウォルト・ディズニーと江戸英雄氏です。

彼らの行動は、強権的独断的ではなく、「橋渡し型」なのです。

ウォルトは兄に経営を任せ、「ナイン・オールドメン」たちにアニメーション製作を任せ、「イマジニア」たちに夢の現実化を任せました。「任せた」といっても放任したのではなく、お尻を叩いて早いペースでいいものを創ってもらったのです。

そして江戸氏も、高橋政知氏に漁業権交渉や行政との折衝を担当してもらい、堀貞一郎氏にプロデュースを依頼し、松下幸之助氏にスポンサー第一号になってもらうよう依頼しました。

テーマパークのように巨大なプロジェクトの成功には、彼らのような「橋渡し型」の人材が必要不可欠なのでしょう。

■「橋渡し型」の組織をつくったガンペル氏

彼らは偉大でした。しかし、そんな偉大な人物などめったにいないのが現実です。たいていの場合、そんな大物は周囲にいないのです。しかし、組織のあり方によって、代替することは可能です。

それに成功したのが、ＵＳＪを立て直したガンペル氏です。

彼の用いた手法「クロス・ファンクショナル・チーム」（ＣＦＴ）のことを思い出してください。これはまさに、ウォルトや江戸氏のような偉大な人物を得られなくても、組織のしくみいかんでは、同じような役割を果たすことができるのです。

■キャストのアイディア、ファストパス

東京ディズニーリゾートでは、縦割りや上下関係を飛び越え、「橋渡し」をすることによって、現場の意見を吸い上げる方法が確立しているようです。

その成果として代表的なサービスが、「ファストパス」です。

テーマパークの課題はあの長蛇の列です。人気アトラクションでは二時間待ち、三時間待ちも当たり前。この不満を解消する目的で誕生したのが、「ファストパス」です。

ファストパスの使い方は、乗りたいアトラクションの入口近辺にあるファストパス発券機にパークチケットを差し込みます。するとゲストは無料の「ファストパス・チケット」を受け取ることができます。このチケットには時間が表示されており、その時間にアトラクションに戻ると、少ない待ち時間でアトラクションに乗ることができる仕組みです。時間を有効に使えるので、ゲストの不満は減ります。

この方式を考えたのは、東京ディズニーランドのあるキャストです。

キャストは、社員ではなくアルバイトです。

すばらしい発想力ですが、もっとも賞賛されるべきなのは、現場の声や発想を取り入れることができた組織のしくみだと、わたしは考えます。

ちなみに、ファストパスは、今や世界中のディズニーランドで採用されており、さらにはユニバーサル・スタジオでも同じ発想をもとにした「エクスプレス・パス」が販売されています。

こちらは有料ですが、ディズニーランドのファストパスより短い待ち時間でアトラクションに乗ることができます。遠方からのゲストや外国人観光客といった、リピートしないであろう人ほど買う傾向にあるそうです。

東京ディズニーリゾートのキャスト（アルバイト）のファストパス提案は、世界中のディズニーランドとユニバーサル・スタジオに広がったのです。

■日本と米国の意外な共通点

「社会互酬性」と「橋渡し型」。

実はこの考え方は、とくに新しいものではありません。

たとえば日本では、江戸時代の思想家、石田梅岩が同じような考えをすでに唱えています。彼は一人で考えたわけでなく、当時の商人――たとえば日本の代表的な商人集団である「近江商人」の思想――が、その根底にあったのです。

近江商人の思想に大きな影響を与えたのが、親鸞の唱えた浄土真宗です。浄土真宗では、上位者に対する従順や法律を守ることが重んじられていましたが、自分の職業は、君主や店主、親方に対するより、むしろ阿弥陀佛の恩に報いる行為とみなされます。

つまり、特定の人に対して報酬を期待するのではなく、「そのうち誰か」なのです（R．N．ベラー『徳川時代の宗教』二四〇～二四一頁、岩波文庫）。

一方、この考え方ともっともよく似ているのが、ウォルトの人生に迫った第一部で述べたように、清貧と勤労こそが信仰のあかしだとする、米国におけるプロテスタンティズムの思想です。

■テーマパーク成功の四つの鍵

さて、本書の結論です。それはテーマパーク成功の鍵です。

それには、江戸時代から続く日本の商人の思想と、米国に特徴的なプロテスタンティズムの思想の重なる部分をあげていけばよいでしょう。

社会互酬性を重んじ、橋渡し型の人間関係を育み、信用を生みだす。
そのために重んじられなければいけないもの——
それは、

・勤勉
・節約
・几帳面
・正直

です。

これは、ウェーバーによって、「資本主義のエートス（道徳）」とされたものと同じです（マックス・ウェーバー『プロテスタンティズムの倫理と資本主義の精神』日経BP社、四五～五〇頁）。そしてまた、ウォルトの子供時代にまだ、米国に色濃く残っていた考えであり、江戸時代の商人が旨としていたものです。

■テーマパーク「大」成功に必要不可欠な三つのもの

この四つの要素はシンプルですが、実行するのはとてもむずかしいことです。どれも幼い頃から、親や先生に言われ続けたことばかりです。それなのに、この四つを身につけるのはむずかしいのです。もしかしたら、この四つは、人間に与えられた永遠の努力課題なのかもしれません。

しかし、それらの原動力となりうるものはあります。

「夢」「ロマン」、そして「情熱」です。

これらがあれば、四つの苦行に耐えられるはずです。

思い出してみましょう。

一九五八（昭和三三）年に、カリフォルニア州アナハイムのディズニーランドを見て感動し、必ず日本に誘致すると心に誓った川崎千春氏のことを。川崎氏は事業よりも夢とロマンを追い求める経営者でした。

誘致成功のキーマンになった江戸英雄氏は、彼と彼のビジネスパートナーの情熱に、心を動かされたのです。

そして他でもないウォルト・ディズニーは、恐ろしいほどの夢と情熱を持ってアニメやテーマパーク事業に取り組んだ人でした。

わたしは仕事柄、テーマパークに関心のある企業からよく相談を持ちかけられます。

多くは大手企業のビジネスパーソンです。

彼らはテーマパークを新設したいと言います。

そして目標は、東京ディズニーランドクラスの成功、少なくともＵＳＪ並は達成したい。

「そのための秘訣をぜひ教えてください」

でも、そんなものはありません。お答えしたくても本当にないのです。それが判明したことが、わたしのテーマパーク研究の成果のひとつと言えます。

厳しいビジネスの世界に生きているはずの彼ら大手企業のビジネスパーソンが、テーマパーク事業となると、なぜ、そんな甘い考えをもつのでしょうか。

それがわたしには、長い間の疑問でした。つい最近その理由に気づきました。

■テーマパークチェーンはフランチャイズではない

それは、本書で取り上げたディズニーランドやユニバーサル・スタジオ、それらに加えて近年に大成功を収めた「キッザニア」や不振が伝えられる「レゴランド」が、「テーマパークチェーン」と呼ばれているからだと考えたのです。

「チェーン」という言葉は「フランチャイズ」を連想させます。

代表的なフランチャイズチェーンであるセブンイレブンでは、オーナー（フランチャイジー）が本部（フランチャイザー）に出店を申し込み、資金を用意すると、スーパーバイザーの指導のもと、店舗デザイン、制服、PCシステム、商品等を仕入れ、すぐにでも店舗を経営できるようになります。出店や店舗運営がマニュアル化されているからです。

先のビジネスパーソンたちもたぶん、テーマパーク事業には、秘密のマニュアルが存在すると思ったのでしょう。

だから資金があれば、ディズニー社やユニバーサル・スタジオから、マニュアルを与えられ、その通りに実行すれば大成功を収めることができると思っているのでしょう。

これは金融の勉強をしてから株や債権に投資すればもうかると考える人に似ています。株などの有価証券に投資したい人には、金融の勉強をし、勉強したとおりに投資すればもうかると思っている人が多いです。本書を上梓したのは、そういう誤解を払拭したいという意味もありました。

「もうけたい」という欲は否定しません。

しかし、テーマパークは、それだけで成功するほど甘い事業ではありません。まだ見ぬゲストのために、身を粉にして働く覚悟が必要です。

それをやり抜くには、夢、ロマン、情熱が必要不可欠なのです。

ウォルト・ディズニーは驚くほど情熱的で努力家でした。ウォルトはどうすればできるか考える人で、なぜできないかの言い訳を考えない人でした。そのためウォルトの部下や従業員は非常に苦労したのです。

第二部で、ハリウッドは生き馬の目を抜く世界と表現しました。テーマパーク事業で世界の頂点にのぼりつめた、ディズニー社もユニバーサル・スタジオも、そのハリウッドでしのぎを削り、トップを勝ち取った企業です。ということは、テーマパークで成功を収めるには、ハリウッドで成功を収めるくらいの、夢、ロマン、そして情熱が必要なのです。

ハリウッドの歴史は闘争と淘汰の歴史。

テーマパークも同様です。

ところが、どちらも楽しさを演出する事業なので、表面上は楽に見えるのです。

しかし優雅に水面を進む白鳥が水面下で激しく脚を動かしているように、テーマパーク事業はゲストの気づかないところで、猛烈な努力をしていることを忘れないでください。

テーマパーク事業は、エレガントな白鳥なのです。

4. テーマパークの未来

これらをふまえて考えると、なぜ、ディズニーランドとユニバーサル・スタジオという二大テーマパークが、本国米国以外では日本のみで「大」成功しているのか、という点に納得がいくのではないでしょうか。

「よいテーマパークは、よい道徳によって生み出される」
「よいテーマパークは、夢、ロマン、情熱によって生み出される」
「これらに不可能はない」

これらが本書の結論です。

しかし、「まえがき」で予告したように、「当たり前のことを当たり前に行った」ことによって、「夢と魔法の王国」は、米国と日本でのみ「大」成功したと考えています。

今後の展開は予測不可能です。

しかし希望的観測を最後に述べて、本書を締めることにしましょう。

いずれ世界中の人びとが、誰かの喜びのために心血を注ぐ日がやってくる。そして、世界中どこへ行っても、ウォルトがひらめき、多くの人が夢とロマンと情熱を注ぎ込んだ「テーマパーク」で遊ぶことができる——。

それが現実となる日は、そう遠くないかもしれません。

■主要参考文献

マイケル・アイズナー（二〇〇〇）『ディズニー・ドリームの発想』（上・下）布施由起子訳、徳間書店
江戸英雄（一九八四）『私の三井昭和史』東洋経済新報社
江戸英雄（一九九四）『三井と歩んだ七〇年』朝日新聞
中島　恵（二〇一三）『東京ディズニーリゾートの経営戦略』三恵社
中島　恵（二〇一四『ディズニーランドの国際展開戦略』三恵社
中島　恵（二〇一四）『ユニバーサル・スタジオの国際展開戦略』三恵社
グリーン&グリーン（二〇一三）『ウォルト・ディズニーの思い出』阿部清美訳、竹書房

本書の成り立ち／読み方／使い方――「あとがき」にかえて

本書は、わたしが二〇一三（平成二五）年から翌年にかけて出版した三冊の本『東京ディズニーリゾートの経営戦略』、『ディズニーランドの国際展開戦略』、『ユニバーサル・スタジオの国際展開戦略』に掲載した情報や論考を再吟味し、「経営」や「経営戦略」に焦点を絞って再構成したものです。

出版した動機のひとつは、本書でも述べたように「自分たちもテーマパークを経営したい」とおっしゃる多くのビジネスパーソンが、「テーマパーク経営」果ては「テーマパーク」そのものについて、大きな勘違いをしていると感じたからです。

その理由を説明するには、まずウォルトがどういう人物で、ハリウッドがどういう世界で、川崎千春氏が何を目指し、江戸英雄氏がどういう役割を担い、佐々木伸氏、グレン・ガンペル氏がどう考えて……といったことを延々と話しつづけなければなりません。

それならば、一冊の本にまとめてみようと考えたのがきっかけです。

表題にある「二大テーマパークを大成功させた国は、発祥の地である米国の他には日本しかない」ことに気づいたのは、その過程での出来事です。

そして、その原因を遡るうちに、米国のプロテスタンティズムと日本の商人道に共通の発想があったという論考を見つけ、また米国人のガンペル氏が推し進めた「改革」の方法論が、元々は日本企業の仕事のやり方にあるのだという事実に行きあたったのです。

これらについては、長年テーマパークを研究したわたしにも、目からウロコの出来事でした。


さて、本書にはいくつかの読み方があります。

使い方と言ってもよいかもしれません。

——ひとつは、テーマパークの経営や戦略を知る本として——。

これは先に述べたように、主にビジネス書としての読まれ方です。テーマパークに関心のあるビジネスパーソンがこの読み方をされるでしょう。

——ひとつは、テーマパークを通して、「経営」や「戦略」「会社」を知る本として——。

これは、テーマパークという身近で楽しげな世界の裏側を覗き見ながら、同時に「経営」や「戦略」あるいは「会社とは何か」を学ぶ教材として読む方法です。就職を控えた学生や、社会には出たものの会社や仕事の意味が今ひとつはっきりとわからない……そんな若い人たちには、このように読んでいただきたいと考えています。

――ひとつは、テーマパーク研究の入門書として――。

二大テーマパークの成立過程、さらに日本における展開とその経緯について、まとめている書籍は多くありません。特にユニバーサル・スタジオとＵＳＪについては、公開されている資料が不足しており、学生のみなさんが研究課題に取り上げようとしても、入り口で挫折してしまう場合がほとんどです。その点で、本書はテーマパーク研究の入門編となりうるでしょう。

――さらに、「アクティブ・ラーニング」の教材として――。

中学生や高校生にとっては、身近な存在であるテーマパークを通して、「人間は、会社や仕事、プロジェクトとどう関わるべきか」といったテーマを検討する授業の教材として用いることもできるはずです。本書を読み、吸収した知識をさらなる独自研究につなげ、斬新なレポートを仕上げてみてください。

——最後に、偉大な仕事を成し遂げた先人たちの感動物語として——。

まずウォルトの生き方に圧倒されましょう。次に川崎千春氏をはじめとする日本の先人たちの苦労に思いを馳せましょう。それからハリウッドの厳しい世界におののき、最後にＵＳＪの見事な復活劇に拍手喝采しましょう。

そして、本書を読み終えたら、みなさんの心の中で、ひそひそと話している「夢、ロマン、情熱」の声に耳を傾けてみてください。声が聞こえたなら実践あるのみです。本書の登場人物はみんな、そんなふうにして、自分の夢を実現したのですから。

本書を上梓するにあたり、株式会社三恵社の木全哲也社長ならびに社員の皆様にはたいへんお世話になりました。また、陰日向に励ましの言葉をかけてくれた家族のことも申し添えておかなければなりません。

末筆ながら、ここに感謝の気持ちを記して、筆をおくこととします。

中島　恵

中島恵の本

ディズニーの労働問題

「夢と魔法の王国」の光と影

**ディズニーランドを
エンターテイメント
ではなく
労働問題の視点で
初めて明らかに！**

「夢と魔法の王国」ディズニーランドにも深刻な労働問題がある。本書ではこれまで表に出なかった労働問題と格差問題を調査・研究し、なぜそのような問題が生じ、ディズニーランドはどう対応したか明らかにした。より働きやすい企業を目指す経営者や人事担当者にお勧め。

【目次】

定価（本体価格1800円＋税）／A5判／ソフトカバー／188頁／ISBN 978-4-86487-696-4 C3036

中島恵の本

観光ビジネス

観光ビジネス関係者必読の1冊！

本書では様々な観光ビジネスを取り上げ、どのように経営されているか、どのような経済効果があるかなどを合わせて考察しています。各章完結型になっているためそれぞれのテーマパークの検証がしやすくなっています。
観光ビジネスを目指す学生、観光ビジネスにかかわっている方々に読んでほしい一冊。

定価（本体価格1800円＋税）／A5判／ソフトカバー／208頁／ISBN978-4-86487-581-3 C3034

ユニバーサル・スタジオの国際展開戦略

謎につつまれたユニバーサル・スタジオの実態を明らかに

ユニバーサル・スタジオは2014年現在世界に4ヶ所ある。アメリカに2ヶ所、日本（USJ）、シンガポールである。ユニバーサル・スタジオを経営する企業は謎のベールに包まれている。書籍が溢れかえるディズニーに対して、ユニバーサル・スタジオは謎だらけ。誰がどのような経営をしているのか。本書では、これらの謎を解明し、ユニバーサル・スタジオが世界に広がっていく過程を検証している。

定価（本体価格1800円＋税）／A5判／ソフトカバー／178頁／ISBN978-4-86487-226-3 C3034

中島恵の本

テーマパーク経営論─映画会社の多角化編

卒論やレポートを テーマパークで書きたい 学生、院生、必見！

テーマパーク経営の舞台裏が分かる本。

■テーマパーク経営は華やかに見えて、地道な努力。

■テーマパークは映画会社の多角化が多い。

映画会社が四苦八苦しながらテーマパークを経営していることなどテーマパーク経営の舞台裏に焦点を当てた本。

定価（本体価格2100円＋税）／A5判／ソフトカバー／227頁／ISBN978-4-86487-135-8 C3034

テーマパークの施設経営

テーマパークに関する レポートや論文を書きたい 学生のための1冊

本書は各章完結型で著者の論文および研究ノートをまとめている。

近年、東京ディズニーリゾートの人気からか、テーマパークに関するレポートや論文を書く学生が増えている。しかし、参考文献がほとんどなかったり、学生が論文検索能力がなかったりという問題に直面しているという声が多い。そんな学生・院生必読の1冊

定価（本体価格2000円＋税）／A5判／ソフトカバー／220頁／ISBN978-4-86487-069-6 C3034

なぜ日本だけ
ディズニーランドとUSJが
「大」成功したのか?

2017年12月11日　初版発行

著　者　　中島 恵
定　価　　本体価格 1,500円+税
発行所　　株式会社　三恵社
〒462-0056 愛知県名古屋市北区中丸町 2-24-1
TEL 052-915-5211　FAX 052-915-5019
URL http://www.sankeisha.com

ISBN978-4-86487-745-9 C1034 ¥1500E